NOUVEAU
ROND-POINT
PAS À PAS A2

LIVRE DE L'ÉLÈVE

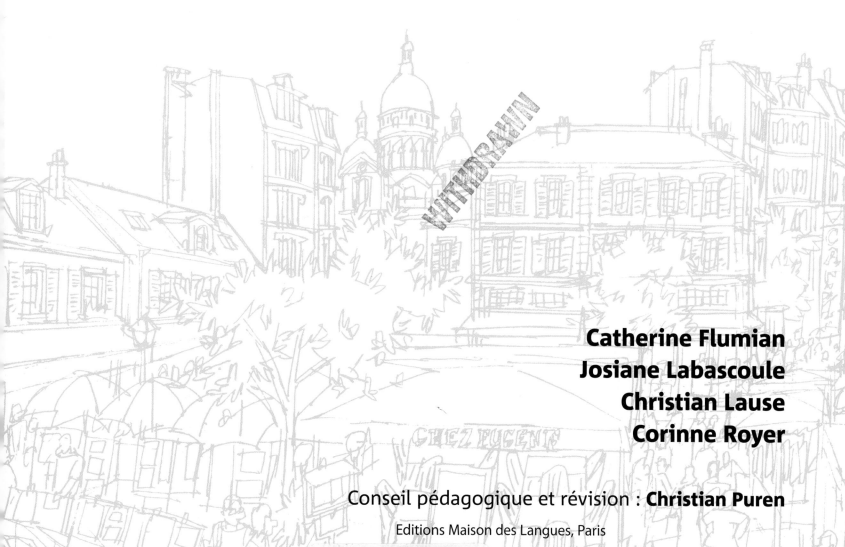

Catherine Flumian
Josiane Labascoule
Christian Lause
Corinne Royer

Conseil pédagogique et révision : **Christian Puren**

Editions Maison des Langues, Paris

448 RON
CRL

Vous avez entre les mains le **Nouveau Rond-Point Pas à Pas A2**. Le premier **Rond-Point** a introduit en Français Langue Étrangère l'approche actionnelle, avec l'unité didactique basée sur la réalisation d'une tâche. Cette méthode a connu un grand succès, et nous avons souhaité en reprendre les points forts tout en actualisant l'ensemble de la collection grâce aux commentaires de nombreux professeurs utilisateurs.

Une meilleure intégration du CECR et des référentiels de français

Lorsque **Rond-Point** est sorti, le CECR en était à ses premiers balbutiements en FLE. Les référentiels pour le FLE, qui se définissent comme les indicateurs de contenus de chaque niveau du CECR, n'existaient pas encore. Dans ce **Nouveau Rond-Point Pas à Pas A2**, nous avons voulu prendre en compte ces éléments pour vous permettre de mettre en place dans votre classe un apprentissage en harmonie avec les recommandations européennes en matière de connaissances des langues.

Ainsi, ce **Nouveau Rond-Point Pas à Pas A2** a été l'objet d'un profond travail de remaniement des unités : lexique, grammaire, dynamique des activités et tâches ont été revus dans le souci de vous garantir un contenu en harmonie avec les recommandations du CECR et les exigences du niveau A2.

Un apprentissage pas à pas

Il nous a paru essentiel de scinder et de réorganiser **Rond-Point** en deux niveaux parce que nous savons que nombreux sont les apprenants dont le rythme d'apprentissage requiert une organisation de cours différente.

Nouveau Rond-Point Pas à Pas A2, une formule 3 en 1

Nouveau Rond-Point Pas à Pas A2 comprend un total de six unités dont une entièrement nouvelle qui permet de mieux échelonner l'apprentissage. Outre le rythme, les changements dans ce **Nouveau Rond-Point Pas à Pas A2** impliquent de la part de l'apprenant un travail plus approfondi sur le lexique et la grammaire ; les consignes ont été revues et simplifiées pour faciliter l'autonomie des apprenants dans la réalisation des activités et des tâches.

Ces changements ne nous ont évidemment pas fait perdre de vue la démarche actionnelle qui a guidé l'élaboration de ce manuel : l'interaction et la négociation demeurent des notions-clés pour que vos élèves acquièrent efficacement les différentes compétences établies par le CECR.

De plus, ce **Nouveau Rond-Point Pas à Pas A2** regroupe en un seul volume le *Livre de l'élève* et le *Cahier d'activités* (+ CD). Un *Cahier d'activités* qui permet de renforcer le travail sur le lexique et la grammaire de façon individualisée à travers des exercices où vos élèves devront, comme dans la partie *Livre de l'élève*, mobiliser leurs compétences écrites et orales ; vous y trouverez également des activités de phonétique et de stratégie.

Vos élèves pourront aussi, s'ils le souhaitent, se préparer aux épreuves officielles du DELF dans la partie *Cahier d'activités*. Le CD avec l'ensemble des documents audio, entièrement mis à jour, se trouve bien entendu dans le manuel.

Une offre multimédia complète

Nous vous rappelons que ce manuel et le *Guide du professeur* sont disponibles en version numérique et que nous vous offrons un site compagnon avec des ressources multimédias complémentaires. Consultez notre site Internet pour plus de renseignements : rendez-vous sur **www.emdl.fr**.

Un nouvel habillage pour plus d'efficacité

Cette refonte dans les contenus et la dynamique est accompagnée d'un important travail de mise à jour des photos et des documents authentiques. Nous espérons que vous apprécierez aussi la nouvelle maquette, que nous avons voulu claire et moderne pour vous aider à rendre plus efficace l'apprentissage de vos élèves.

Le plaisir d'apprendre

Au-delà des concepts méthodologiques qui sous-tendent ce manuel, nous avons surtout voulu, avec ce **Nouveau Rond-Point Pas à pas A2**, vous proposer un ouvrage où le plaisir pourra être le moteur ou, mieux encore, la motivation pour apprendre le français.

Les auteurs

Livre de l'élève

Les unités du **Nouveau Rond-Point Pas à Pas A2** sont organisées de façon à apporter à l'apprenant l'ensemble des compétences langagières et communicatives nécessaires à la réalisation de chacune des tâches finales. **Nouveau Rond-Point Pas à Pas A2** amène progressivement l'apprenant à acquérir les savoirs et les savoir-faire pour communiquer et surtout interagir en français.

Chaque unité comprend cinq doubles pages :

Ancrage : deux pages d'entrée en matière

Cette double page permet à l'apprenant d'aborder l'unité à partir de ses connaissances préalables du monde et, éventuellement, de la langue française. Elle cherche ainsi à rassurer l'apprenant qui ne part jamais de zéro et qui pourra mobiliser des compétences acquises dans d'autres domaines.

Les documents déclencheurs de cette double page sensibilisent l'apprenant au thème et aux objectifs de l'unité.

> Annonce de la tâche ciblée

> Entrée en matière basée sur l'image

> Activités de mise en contexte

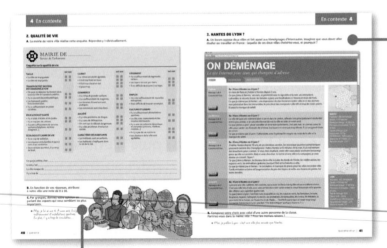

> Des modèles utiles à la tâche finale

En contexte : deux pages de documents authentiques

Cette double page permet à l'apprenant d'entrer en contact avec des documents authentiques qui vont lui permettre de découvrir l'emploi de la langue en contexte.

La langue et le type de texte proposés serviront de base à l'apprenant pour réaliser la tâche finale.

> Implication directe de l'élève

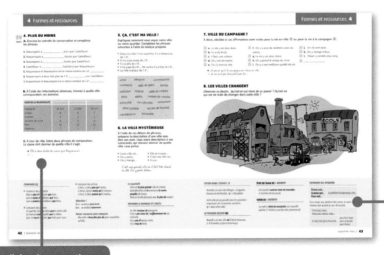

Formes et ressources : deux pages d'outils linguistiques

Cette double page va aider l'apprenant à structurer le lexique et la grammaire nécessaires à la réalisation de la tâche. Les principaux points sont résumés et illustrés par des exemples en contexte dans la bande en bas de page.

L'apprenant systématise les points de langue qu'il devra être capable de réutiliser dans d'autres situations.

> Reprise des principaux points de grammaire et de lexique

> Travail de mise en pratique individuel et/ou en groupe

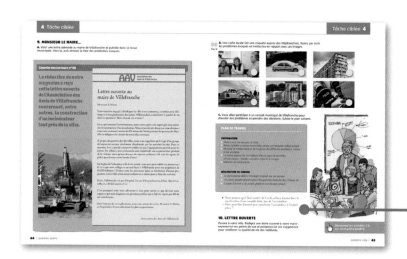

Tâche ciblée : deux pages de projet final

Cette double page amène l'apprenant à mobiliser l'ensemble de ses compétences et de ses savoir-faire pour que la réalisation de la tâche finale soit un succès. Sa réalisation est essentielle pour que l'ensemble du travail mené tout au long de l'unité prenne un véritable sens.

L'apprenant prend conscience de ses nouvelles compétences et de leur utilité.

> Tâche finale = véritable motivation de l'apprenant

Regards croisés : deux pages de culture et de civilisation

Cette dernière double page complète l'information de culture et de civilisation de l'unité à travers de nouveaux documents authentiques.

Cette partie est aussi l'occasion d'inciter l'apprenant à développer ses compétences interculturelles en comparant la réalité de son pays avec celles du monde francophone.

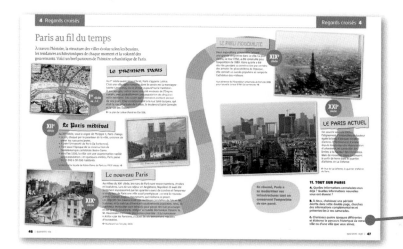

> Activités de réflexion sur la culture et la vie quotidienne

Le précis de grammaire : 22 pages de synthèse grammaticale

Ces pages reprennent et développent les contenus grammaticaux des *pages Formes et Ressources* des unités. Elles sont complétées par un *Tableau de conjugaison* et un *Index*.

Cahier d'activités

Situé en deuxième partie du manuel, le *Cahier d'activités* reprend et systématise en contexte les points de langue traités dans le *Livre de l'élève*. Il propose une réflexion stratégique sur l'apprentissage, un entraînement à la phonétique et une préparation au DELF A2.

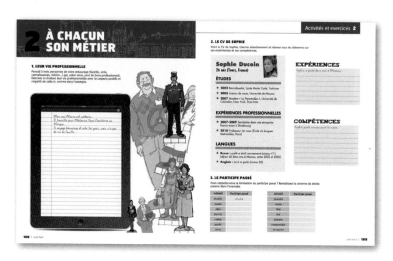

Tableau des contenus

Unité	Tâche finale	Typologie textuelle	Communication et savoir-faire
Unité 1 **BIEN DANS NOTRE PEAU**	Nous allons élaborer un recueil de conseils pour réduire le stress.	Sommaire d'une revue, série d'exercices physiques (site Internet), articles de presse, témoignages, données statistiques.	- parler de ses habitudes quotidiennes - donner des conseils - faire des suggestions et des recommandations (1) - établir une comparaison
Unité 2 **À CHACUN SON MÉTIER**	Nous allons sélectionner des candidats pour trois emplois et choisir un emploi pour nous-mêmes.	Petites annonces, données biographiques (site Internet), cartes de jeu, test, offres d'emploi, profils professionnels.	- parler de son parcours de vie - évaluer ses aptitudes et ses compétences - exprimer et confronter ses opinions - situer un fait dans le passé
Unité 3 **SUCRÉ OU SALÉ ?**	Nous allons faire un recueil de cuisine avec nos meilleures recettes.	Menu du jour, article de presse, liste de courses, forum Internet, recette, test.	- commander le menu ou un plat à la carte dans un restaurant - demander des renseignements sur un plat - expliquer comment préparer un plat - exprimer une quantité
Unité 4 **BIENVENUE CHEZ MOI !**	Nous allons discuter des problèmes d'une ville et proposer des solutions en établissant une liste de priorités.	Cartes postales, enquête, forum Internet, lettre ouverte.	- décrire et comparer des lieux - situer dans l'espace - exprimer des opinions - évaluer et établir des priorités - exprimer le manque et l'excès
Unité 5 **À QUOI ÇA SERT ?**	Nous allons inventer un objet pour résoudre un problème quotidien et nous le présenterons à la classe.	Article de presse, brochures publicitaires, note biographique, témoignages, présentation d'un produit, interview.	- nommer et présenter des objets - décrire et expliquer le fonctionnement d'un objet - caractériser des objets et vanter leurs qualités - convaincre - exprimer la cause et le but - situer un fait dans l'avenir
Unité 6 **VACANCES EN FRANÇAIS**	Nous allons fixer des objectifs pour améliorer notre français à travers différentes activités pendant les vacances.	Brochures publicitaires (site Internet), test, calendrier de travail.	- évoquer des souvenirs / des expériences vécues - planifier l'avenir - exprimer la difficulté, le besoin et l'envie - se situer dans son apprentissage - faire des prédictions - faire des suggestions et des recommandations (2)

Compétences grammaticales	Compétences lexicales	Compétences (inter)culturelles	
- les verbes au présent à une / deux / trois base(s) - les verbes pronominaux - l'impératif - la quantité (1) : *peu, beaucoup, trop, pas assez* - la fréquence : *toujours, souvent, quelquefois...* - comparer (1) - la négation : *ne... jamais*	- la vie quotidienne - l'alimentation - les parties du corps - les sports	- changements de vie pour être heureux - prendre soin de soi	8
- le passé composé - le participe passé - la place des adverbes - les expressions temporelles : *pendant, il y a, déjà...*	- les professions - les qualités - *savoir* et *connaître*	- les meilleures mains de France - l'artisanat	18
- les pronoms COD : *le / l' / la / les* - la quantité (2) : *un peu de, quelques...*	- les aliments - les modes de cuisson et de dégustation - les ingrédients et saveurs - les poids et mesures	- à table (test) - le repas des Français - des spécialités culinaires de certaines régions françaises	28
- comparer (2) - le superlatif - *le / la / les même(s)* - les pronoms *où* et *y* - *être en train de* + infinitif - *venir de* + infinitif	- l'expression des opinions - les services et les institutions d'une ville	- Paris au fil du temps	38
- les pronoms relatifs *que* et *qui* - le futur simple - la cause : *grâce à, à cause de* - le but : *pour / pour ne pas / pour ne plus* + infinitif - les verbes pronominaux passifs: *ça se lave...* - les expressions temporelles : *demain, lundi prochain...*	- les couleurs - des formes et des matières - des expressions avec des prépositions (1) : *être facile à / utile pour, servir à, permettre de...*	- les bons plans pour chiner - les Français et les brocantes	48
- le résumé des temps verbaux : présent, passé composé et futur simple - le résumé des expressions temporelles - les pronoms COI : *me / m' / te / t'...*	- des expressions avec des prépositions (2) : *avoir du mal à, ne pas arriver à, avoir besoin de, avoir envie de, essayer de...*	- une France pour tous - les atouts touristiques de la France	58

1 BIEN DANS NOTRE PEAU

Bien-être

CETTE SEMAINE

FITNESS
QUEL EST LE SPORT IDÉAL POUR VOUS ?

page 24

page 36

SANTÉ
CONTRE LA DOULEUR, LA MÉDITATION

page 40

SOIN DU CORPS
UNE PEAU PARFAITE, C'EST POSSIBLE ?

Nous allons élaborer un recueil de conseils pour réduire le stress.

{ LE MAGAZINE POUR ÊTRE BIEN DANS SA PEAU }

ALIMENTATION
6 FRUITS ET LÉGUMES POUR VOS YEUX

page **26**

page **46**

PSYCHOLOGIE
COMMENT CONTRÔLER SA COLÈRE

1. BIEN-ÊTRE

A. Observez le sommaire du magazine *Bien-être*. Lisez-vous ce genre de magazine ? Lequel des cinq articles vous semble le plus intéressant ? Pourquoi ?

- Moi, je trouve que l'article sur le contrôle de la colère peut être intéressant parce que cela peut aider à résoudre des conflits.
- Moi, l'article sur l'alimentation…

B. Voici une liste d'habitudes en rapport avec la forme physique et le bien-être. Signalez vos bonnes (+) et vos mauvaises (−) habitudes . Vous pouvez en ajouter d'autres.

- Je prends toujours la voiture pour me déplacer.
- Je fais du sport régulièrement.
- Je mange beaucoup de légumes frais.
- Je prends un bon petit-déjeuner chaque matin.
- Je dors peu.
- Je mange trop de sucreries.
- Je fume.
- Je ne bois jamais de lait.
- Je bois au moins trois tasses de café par jour.
- Je prends souvent des suppléments de vitamines.
- Je mange des fruits tous les jours.
- Je bois très peu d'eau.
- Je me déplace toujours à vélo.
- Je mange souvent dans des fast-foods.
- Je marche beaucoup.
- Je passe trop de temps devant mon ordinateur.
- Je mange vite.
- ....
- ....

C. Comparez vos réponses avec celles de deux camarades. Quelles sont vos habitudes communes ?

- Moi, je marche beaucoup et je fume.
- Moi aussi, je fume mais je mange beaucoup de légumes frais.
- Eh bien, moi, je ne mange jamais de légumes et je dors peu.

2. LE MAL DU SIÈCLE

A. Ce site propose des exercices pour les personnes qui restent longtemps assises. Lisez les textes, regardez les images 1 à 5 et écrivez les noms des parties du corps désignées.

http://www.enforme.nrp

EN FORME

SANTÉ   MÉDICAMENTS   PSYCHOLOGIE   NUTRITION   FORME SPORT

BOUGEZ-VOUS !

1 Asseyez-vous sur une chaise, posez les mains sur les jambes.

a ....
b ....

2 Levez le bras droit et fermez la main. Tendez le bras, ensuite détendez-le. Recommencez avec le bras gauche.

c ....

4 Levez et tendez la jambe droite. Tirez la pointe du pied en direction de votre tête. Reposez la jambe. Recommencez avec la jambe gauche.

g ....
h ....
i ....

5 Croisez les doigts et mettez les bras derrière la tête. Tendez les muscles du dos.

j ....
k ....

B. Maintenant, écrivez le texte pour l'image 6.

C. D'après vous, quelles activités physiques sont bonnes pour…

1. les jambes ?   **3.** le dos ?
2. le cœur ?   **4.** perdre du poids ?

la musculation	le basket-ball	le football
la natation	le cyclisme	le handball
l'athlétisme	la marche à pied	la voile
le tennis	la gymnastique	le ski

D. Comparez vos réponses avec celles d'un camarade.

3. FAITES-VOUS DU SPORT ?

A. Écoutez ces interviews et remplissez le tableau.

Piste 1

	Quel sport ?	Quelquefois	… fois par semaine	Tous les…	Jamais
1					
2					
3					
4					
5					
6					
7					
8					

B. Interrogez un camarade sur ses habitudes sportives. Ensuite, communiquez l'information à la classe.

● Tino est très sportif. Il joue au tennis deux fois par semaine, il fait du ski en hiver et de la planche à voile en été.

Selon une étude du ministère de la Santé, 80 % des Français ont mal au dos. Rien d'étonnant si on considère que la majorité de nos concitoyens passent en moyenne sept heures par jour assis sur une chaise, à l'école ou au travail. Même assis, vous pouvez faire de l'exercice physique. Voici quelques mouvements faciles à réaliser après la classe ou au bureau.

3

Fermez les yeux. Tirez tous les muscles du visage vers le haut. Contractez aussi le nez et la bouche. Puis, décontractez-les.

d ....
e ....
f ....

d
e
f

6

....
....
....
....
....
....
....
....

4. GYM TONIQUE

A. Vous allez créer un exercice tonifiant : à deux, imaginez une suite de gestes à partir de la première illustration. Puis dessinez trois figures et rédigez les consignes.

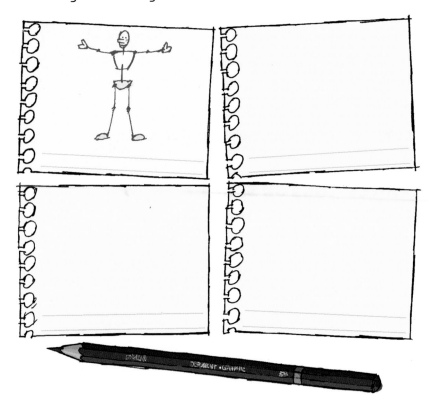

B. Dictez vos consignes à deux camarades qui devront exécuter les gestes en même temps.

C. Maintenant, toute la classe vote : quel est le meilleur exercice ?

5. LES CAUSES DU STRESS

A. Voici une liste de différentes causes éventuelles de stress. Notez d'autres causes que vous connaissez. Ensuite, interrogez un camarade.

▶ Passer souvent des examens.

▶ Vivre dans un environnement bruyant.

▶ Manger à des heures irrégulières ou devant la télévision.

▶ Se coucher tard tous les jours de la semaine.

▶ Travailler ou étudier plus de 10 heures par jour.

▶ Penser souvent au travail ou aux études pendant le week-end.

▶ Se disputer fréquemment avec la famille, les amis ou les collègues.

▶ Se réveiller très tôt le week-end.

▶ Avoir un petit salaire.

▶ ....

▶ ....

● *Est-ce que tu travailles plus de 10 heures par jour ?*
○ *Non, je fais 8 heures tous les jours.*

B. Pensez-vous que votre interlocuteur souffre de stress ? Si oui, pourquoi ? Demandez-lui de vous le confirmer.

LES VERBES AU PRÉSENT À UNE BASE

TRAVAILLER → **travaill** → je travaille, tu travailles, il / elle / on travaille, nous travaillons, vous travaillez, ils / elles travaillent

LES VERBES AU PRÉSENT À DEUX BASES

DORMIR → **dor** → je dors, tu dors, il / elle / on dort
→ **dorm** → nous dormons, vous dormez, ils / elles dorment

FINIR → **fini** → je finis, tu finis, il / elle / on finit
→ **finiss** → nous finissons, vous finissez, ils / elles finissent

LES VERBES AU PRÉSENT À TROIS BASES

DEVOIR → **doi** → je dois, tu dois, il / elle / on doit
→ **dev** → nous devons, vous devez
→ **doiv** → ils / elles doivent

PRENDRE → **prend** → je prends, tu prends, il / elle / on prend
→ **pren** → nous prenons, vous prenez
→ **prenn** → ils / elles prennent

LES VERBES PRONOMINAUX

SE LEVER		
je	me	lève
tu	te	lèves
il / elle / on	se	lève
nous	nous	levons
vous	vous	levez
ils / elles	se	lèvent

Je me lève à 6 heures.

COMPARER (1)

plus de	fruits	
autant de	légumes	que...
moins de	sel	

6. UN RÉGIME SPORTIF

A. Lisez cet extrait d'une interview d'un jeune espoir du tennis.

L'alimentation d'un champion
Éric Dugal nous révèle ses habitudes alimentaires.

Faites-vous attention à votre alimentation ?
Bien sûr ! En période de compétition, j'ai une alimentation adaptée à mes besoins. C'est-à-dire… quand je joue, j'ai une alimentation riche en énergie, mais je dois avoir des digestions légères ; alors, je ne mange presque pas de graisses : jamais de beurre, ni de fromage et je mange des légumes avec seulement un peu d'huile d'olive.
Vous mangez beaucoup de fruits et de légumes ?
Oui, cinq fruits par jour et des légumes deux fois par jour.
Vous mangez de la viande ou du poisson ?
Je n'aime pas du tout le poisson, je n'en mange presque jamais. Quant à la viande, je mange beaucoup de viande blanche – du poulet, de la dinde, deux ou trois fois par jour –, mais rarement de la viande rouge.
Et que buvez-vous ?
Je bois trois litres d'eau par jour, et jamais d'alcool, évidemment.

B. Comparez votre alimentation à celle de ce joueur de tennis.

- Moi, je mange…	… (beaucoup) plus de / d'…	… graisses.
- Moi, je ne mange pas…	… (beaucoup) moins de / d'…	… viande rouge.
- Moi, je bois…	… autant de / d'…	… viande blanche.
- Moi, je ne bois pas…		… poisson.
		… fruits.
		… légumes.
		… eau.

Moi, je mange beaucoup moins de viande que lui, je suis végétarienne.

7. VOS HABITUDES

Écoutez ce que disent ces personnes interviewées par Radio Centre, et remplissez une fiche pour chacune d'elles.

Piste 2

Interview : A ☐   B ☐   C ☐
Il / Elle a une vie saine ? Oui ☐   Non ☐
Pourquoi ?..
....
Un conseil : Il / Elle doit ....
....

L'IMPÉRATIF

À l'impératif, il y a seulement trois personnes et on n'utilise pas les pronoms sujets.

	PRÉSENT DE L'INDICATIF	IMPÉRATIF
JOUER	tu jou**es**	jou**e** !
	nous jou**ons**	jou**ons** !
	vous jou**ez**	jou**ez** !
PRENDRE	tu prend**s**	prend**s** !
	nous pren**ons**	pren**ons** !
	vous pren**ez**	pren**ez** !
SE LEVER	tu te lèv**es**	lèv**e**-toi !
	nous nous lev**ons**	lev**ons**-nous !
	vous vous lev**ez**	lev**ez**-vous !

AVOIR	ÊTRE
aie ! **ayons** ! **ayez** !	**sois** ! **soyons** ! **soyez** !

À la forme négative
Ne fume pas ici !
Ne prenons pas ce chemin !
Ne vous levez pas !

LA QUANTITÉ (1)

Je bois	**peu d'**eau.
	assez de lait.
	beaucoup de soda.
	trop de café.

● Tu manges **beaucoup de** légumes ?
○ Oui, j'en mange tous les jours.

DONNER DES CONSEILS, RECOMMANDER

▶ Conseils adressés à une personne
*Tu es très stressé, **détends-toi !***
*Pour maigrir, **vous devez manger** moins de sucreries.*

▶ Conseils impersonnels
***Il faut dormir** 8 heures par nuit.*
***Il est important de faire** de l'exercice.*
***Il convient d'avoir** une alimentation variée.*

LA FRÉQUENCE

toujours / **souvent** / **quelquefois** / **jamais**
tous les jours / mois / ans…
chaque lundi / mardi…
deux fois par semaine / mois…

8. TOP SANTÉ

À deux, lisez chacun l'un de ces deux textes en notant l'essentiel sur les fiches ci-dessous. Ensuite, présentez oralement son contenu à votre camarade.

Se sentir bien

L'alimentation

Vous avez faim ? Alors, mangez !

Certains diététiciens disent qu'on peut manger tout ce qu'on veut à condition d'avoir faim. Il est important aussi de manger à des heures régulières, et il faut consommer beaucoup de fruits, de légumes et des aliments riches en fibres, comme le pain et le riz complets. Mais faites attention aux sucres ! Ne mangez pas trop de viande non plus. Mangez plus de poisson. L'idéal est d'en manger trois fois par semaine. Le poisson est riche en protéines et contient peu de graisses. L'eau est la seule boisson indispensable, il faut en boire au moins un litre et demi par jour. Enfin, il faut insister sur le fait que chacun de nous possède un corps différent, et que se sentir bien et être en bonne santé ne signifie pas nécessairement être mince.

L'exercice physique

Aujourd'hui, dans nos sociétés modernes, nous sommes très sédentaires. Par conséquent, une activité physique régulière est vraiment conseillée. Pour se maintenir en forme, il suffit de faire un peu de marche tous les jours et une heure d'exercice plus intense par semaine. Le mieux, bien sûr, c'est de pratiquer différentes activités comme le vélo, le footing, la natation, etc. Il convient d'avoir une pratique sportive pour faire travailler le cœur et les muscles, mais aussi pour bien dormir.

Titre du texte :

....

Idée principale :

....

....

Idées secondaires et exemples :

....

....

....

....

Titre du texte :

....

Idée principale :

....

....

Idées secondaires et exemples :

....

....

....

....

9. CONTRE LE STRESS

A. Individuellement, écrivez dix conseils pour réduire le stress.

DIX CONSEILS POUR RÉDUIRE LE STRESS

1. Il faut ....
2. Il est important de ....
3. Vous devez ....
4. Il convient de ....
5. Ne ....
6. ....
7. ....
8. ....
9. ....
10. ....

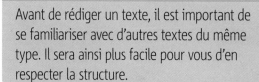

vos stratégies ✕

Avant de rédiger un texte, il est important de se familiariser avec d'autres textes du même type. Il sera ainsi plus facile pour vous d'en respecter la structure.

B. Par groupes, rédigez un article avec des conseils pour réduire le stress (vous pouvez suivre le modèle des articles de l'activité 8). Ensuite, affichez-le ou publiez-le sur un réseau social.

C. Lisez les articles des autres groupes. Quels conseils vous semblent personnellement les plus utiles et les plus réalisables ? Quelles sont les idées qui vous paraissent les plus originales ?

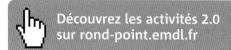

Découvrez les activités 2.0
sur rond-point.emdl.fr

10. POUR ÊTRE HEUREUX...

A. Attribuez un titre à chaque texte.

« J'ai décidé d'être heureux parce que c'est bon pour la santé. » Voltaire

En France, de plus en plus de personnes décident de faire des petits gestes ou des changements importants dans leur vie pour être plus heureux, vivre plus en harmonie avec la nature ou avoir plus de temps pour leur famille. La consommation de produits bio et le télétravail en sont des exemples, mais il y en a bien d'autres.

Vanessa habite en ville mais, tous les dimanches matins, elle part à la cueillette de fruits et de légumes dans une ferme bio à 30 kilomètres de chez elle. Elle rentre à la maison avec des produits très frais et beaucoup moins chers qu'au supermarché. « On fait une économie d'argent importante sur les fruits et légumes, explique Vanessa, et les enfants mangent des produits sains. » C'est aussi, pour cette urbaine, une façon de garder le contact avec la terre et de profiter de la nature tout en soutenant les agriculteurs bio de la région.

Alexandre a une fille de 6 ans. Il vient de renoncer à un poste important et à un gros salaire pour passer plus de temps avec sa famille. Il travaille aujourd'hui chez lui avec un ordinateur, une connexion Internet et un téléphone. Il gagne 25 % de moins mais il ne regrette rien. « J'accompagne ma fille à l'école tous les jours, explique-t-il en riant, et je vais la chercher : c'est merveilleux ! » Alexandre ne prend plus les transports en commun pour se rendre à son travail. Cela signifie moins de stress et une économie considérable de temps et d'argent. Le télétravail permet ainsi à de nombreuses personnes de concilier emploi et famille et de se sentir plus heureuses.

B. Que pensez-vous des décisions prises par ces personnes ?
Avez-vous des idées d'autres décisions à prendre pour mieux vivre ?

11. UNE SANTÉ QUI COMPTE

A. À votre avis, quelles sont les différentes motivations qui poussent les gens à faire du sport ? Faites-en une liste par ordre de préférence. Ensuite, lisez l'article ci-dessous.

SAVOIR-VIVRE

Prendre soin de soi

En France le médecin généraliste est le professionel de santé le plus fréquemment consulté, et davantage par les femmes que par les hommes.

Les Françaises sont aussi plus nombreuses que les Français à éviter les produits trop riches en sucre ou en matières grasses et ceux qui contiennent des additifs ou des colorants. Par ailleurs, manger des fruits et des légumes frais tous les jours est davantage un comportement féminin.

Si perdre du poids est une préoccupation plutôt féminine (62 %), elle est partagée par une proportion d'hommes loin d'être négligeable (38 %).

La consommation de tabac et d'alcool concerne davantage les hommes. En revanche, ce sont surtout les femmes qui évoquent le stress, les problèmes de sommeil ou de solitude.

Enfin, les hommes sont globalement plus sportifs que les femmes (44 % contre 35 %). Quant à leurs motivations, les plus souvent évoquées sont le plaisir et les effets bénéfiques sur la santé. Les non-sportifs invoquent le manque de temps (34 %) et l'absence de besoin (24 %) ; 17 % des femmes et seulement 9 % des hommes reconnaissent que c'est par manque de courage.

MOTIVATIONS POUR FAIRE DU SPORT

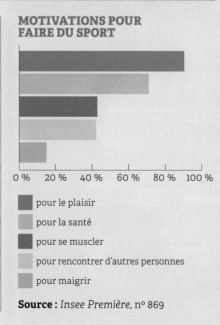

- pour le plaisir
- pour la santé
- pour se muscler
- pour rencontrer d'autres personnes
- pour maigrir

Source : *Insee Première*, nº 869

B. Vos motivations correspondent-elles à celles de cet article ? Recueillez par écrit les réponses de chacun pour élaborer le graphique des « Motivations pour faire du sport » de la classe.

2 À CHACUN SON MÉTIER

Nous allons sélectionner des candidats pour trois emplois et choisir un emploi pour nous-mêmes.

1. POUR ÊTRE POMPIER...

A. Ces personnes sont au travail. Reconnaissez-vous leur profession ?

une chimiste	une professeure
un pompier	un artisan menuisier
une secrétaire	un mécanicien
un vendeur	un serveur
une photographe	une musicienne
une dentiste	une journaliste
une coiffeuse	une infirmière
un camionneur	une interprète
un ouvrier	un architecte
un agriculteur	un médecin

B. Quelles qualités sont nécessaires pour exercer ces professions ? Parlez-en en petits groupes.

Être quelqu'un de (très)	organisé / aimable / autonome / ouvert / dynamique / courageux / patient / créatif...
Être	disposé à voyager / habitué à travailler en équipe...
Savoir	écouter / convaincre / commander / parler en public...
Connaître	l'informatique / des langues étrangères...
Avoir	un diplôme universitaire / un permis de conduire / une bonne présentation / de la force physique / le sens des relations sociales / l'esprit d'équipe...

- Pour être pompier, il faut être habitué à travailler en équipe.
- Oui, et il faut avoir de la force physique.

2. VOTRE MÉTIER

Et vous ? Que voulez-vous devenir ? Pourquoi ? Si vous exercez déjà un metier, quel est-il ?

- Moi, je veux être professeur.
- Moi, je ne sais pas encore.
- Moi, je suis secrétaire dans une entreprise de produits chimiques, et toi ?
- Moi, je travaille dans les assurances.

3. AVANTAGES ET INCONVÉNIENTS

A. Chaque profession présente des aspects positifs et d'autres négatifs. Complétez le tableau selon votre avis personnel.

C'est un travail (très)...

- intéressant.
- créatif.
- facile.
- varié.
- motivant.
- dangereux.
- difficile.
- stressant.
- ennuyeux.
- pénible
- ...

Les dentistes / Les policiers...

- rencontrent beaucoup de monde.
- gagnent beaucoup d'argent.
- voyagent beaucoup.
- aident les autres.
- vivent à la campagne.
- ont beaucoup de responsabilités.
- ne gagnent pas beaucoup d'argent.
- travaillent de nombreuses heures de suite.
- sont assis toute la journée
- ...

Métier	Aspect positif ⬆	Aspect négatif ⬇
dentiste	argent	ennuyeux
enseignant(e)		
chauffeur de taxi		
psychologue		
juge		
médecin		
policier		
assistant(e) social(e)		
informaticien(ne)		
journaliste		
avocat(e)		
traducteur/trice		
employé(e) de bureau		
agriculteur/trice		

B. Commentez vos réponses avec deux camarades.

- Je trouve que les dentistes ont un travail ennuyeux.
- ○ Oui, mais ils gagnent beaucoup d'argent.
- ■ C'est vrai, mais...

C. Et vous ? Quels sont les aspects positifs et négatifs de votre profession ou de celle que vous voulez faire plus tard ?

- Moi, je travaille dans les assurances ; ce n'est pas un travail très créatif, mais on rencontre beaucoup de monde et...

4. PETITES ANNONCES

A. Léa cherche du travail. Écoutez son entretien dans une agence d'emploi et prenez des notes.

Piste 3

Elle a étudié...
Elle parle...
Elle a travaillé...
Elle est allée...

B. Maintenant, lisez ces deux annonces, et décidez si le profil de Léa convient à l'une d'elles.

LE PARLEMENT EUROPÉEN ET LA COMMISSION EUROPÉENNE

recherche des

ASSISTANTS ADJOINTS

Le Parlement, la Commission et la Cour des Comptes mettent en œuvre une politique d'égalité des chances entre les femmes et les hommes et encouragent vivement les candidatures féminines.

Vous avez moins de 30 ans.
Vous êtes titulaire d'un Bac + 3.
Vous êtes disposé(e) à voyager.
Vous parlez l'anglais et l'espagnol.

Pour tout renseignement, consultez notre site Internet : www.europarl.europa.eu

1

STATION J

recrute un(e)

ASSISTANT(E) DE DIRECTION

Vous avez entre 25 et 35 ans et au moins 2 ans d'expérience.

Vous êtes dynamique, très organisé(e) et doué(e) d'une bonne mémoire. Vous maîtrisez l'orthographe, vous êtes autonome, motivé(e) et vous avez un bon esprit d'initiative. Vous parlez couramment anglais et une autre langue (espagnol ou allemand). Vous connaissez les principaux logiciels de bureautique.

DISPONIBILITÉ IMMÉDIATE

Merci d'envoyer votre CV, lettre manuscrite, rémunération actuelle et prétentions à :
Station J, Laure BABIN, 138 avenue d'Iéna
75116 Paris – RÉF. AW.

2

Annonce 1 : Elle peut / ne peut pas se présenter parce que ....

Annonce 2 : Elle peut / ne peut pas se présenter parce que ....

C. Partagez vos conclusions avec vos camarades et mettez-vous d'accord sur l'emploi le plus adapté au profil de Léa.

● Je crois qu'elle peut postuler pour l'emploi de... parce qu'elle parle...

5. FAN DE...

A. Lisez ces données biographiques. Quel est le nom de ce sportif ?

ACTUALITÉ

MA BIOGRAPHIE

ENGAGEMENTS

MÉDIATHÈQUE

FORUM

CONTACT

Je suis né en 1972 à Marseille. J'ai commencé à jouer au football très jeune et, à 16 ans, je suis devenu joueur professionnel. J'ai joué dans deux clubs : Cannes et Bordeaux. Je suis resté 7 ans à Cannes. Là, j'ai rencontré Véronique et nous nous sommes mariés. Je suis entré dans l'équipe de France en 1994 et, en 1998, nous avons gagné la Coupe du monde. J'ai joué plus tard au Real Madrid, puis j'ai pris ma retraite sportive...

B. Dans ce texte, on utilise un nouveau temps : soulignez les verbes correspondants. Comment ce temps se forme-t-il ?

6. QUIZ

Constituez deux ou trois équipes et trouvez de qui il s'agit. L'équipe qui a le plus de bonnes réponses gagne.

Il est né au Maroc de parents espagnols : son vrai nom est Juan Moreno.

Acteur, il a été Enzo dans *Le Grand Bleu* et il a joué le rôle de Krieger dans *Mission Impossible*.

Il a interprété des rôles très variés, de Cyrano de Bergerac à Obélix.

Il a joué dans plus de cent films depuis 1965.

Il a vécu au XIXᵉ siècle.

Il a lutté contre la peine de mort.

Il a décrit dans ses romans les conditions de vie des misérables.

Il est né le 14 mars 1879 à Ulm, en Allemagne.

Il a reçu le prix Nobel de physique en 1921 pour ses travaux sur la théorie de la relativité.

Cette Nordique est surtout connue comme chanteuse, compositrice et musicienne.

En 2000, elle a interprété magnifiquement le rôle de Selma dans le film *Dancer in the Dark*.

Il a étudié les changements de lumière selon les saisons.

Il a peint *Impression soleil levant*, qui a donné son nom au mouvement impressionniste.

LE PASSÉ COMPOSÉ

● *Tu as étudié* l'espagnol ?
○ *Oui, pendant trois ans.*

ÉTUDIER		
j'	ai	
tu	as	
il / elle / on	a	étudié
nous	avons	
vous	avez	
ils / elles	ont	

Les verbes pronominaux (**se lever, s'habiller,** etc.) et les verbes **entrer, sortir, arriver, partir, passer, rester, devenir, monter, descendre, naître, mourir, tomber, aller, venir** se conjuguent avec l'auxiliaire **être.**

ALLER		
je	suis	allé(e)
tu	es	allé(e)
il / elle / on	est	allé(e)(s)
nous	sommes	allé(e)s
vous	êtes	allé(e)s
ils / elles	sont	allé(e)s

Le participe passé

Les participes passés ont plusieurs terminaisons.

étudier	**étudié**	dire	**dit**
finir	**fini**	voir	**vu**
prendre	**pris**	avoir	**eu**
être	**été**	vivre	**vécu**

À l'oral, il faut bien distinguer le présent du passé composé :

je finis [ʒəfini] / j'ai fini [ʒefini]
je fais [ʒəfɛ] / j'ai fait [ʒefɛ]
je dis [ʒədi] / j'ai dit [ʒedi]

7. AIMEZ-VOUS L'AVENTURE ?

A. Par petits groupes, posez-vous oralement les questions suggérées ci-dessous et trois autres qui vous intéressent. Chacun note les réponses des autres.

	oui, une fois	oui, plusieurs fois	non, jamais
monter en haut de la tour Eiffel			
passer à la télé			
se perdre à la montagne			
manger des cuisses de grenouilles			
descendre dans une mine			
faire du deltaplane			
entrer dans une grotte préhistorique			
faire un voyage à vélo			

B. Qui est le plus aventurier du groupe ?

8. MENTEUR !

A. À l'aide des débuts de phrases ci-dessous, écrivez quatre expériences vécues... ou pas. Au moins une de vos affirmations doit être vraie.

▶ Une fois, j'ai gagné...
▶ En..., j'ai fait...
▶ L'année dernière, j'ai rencontré...
▶ Il y a ... ans, je suis allé(e)...
▶ J'ai vécu... ans...

B. Par petits groupes, chacun lit ses phrases ; les autres doivent deviner ce qui est vrai et ce qui est faux.

- ● J'ai vécu deux ans en Russie parce que mon père est diplomate.
- ○ Je crois que c'est faux.
- ■ Oui, moi aussi.

vos stratégies

Les activités en groupe sont d'excellentes occasions pour vous lancer à l'oral en français. Entre camarades, vous pouvez vous aider en profitant des connaissances de chacun pour vous sentir plus sûr au moment de prendre la parole.

À la forme négative

Les particules **ne** et **pas** encadrent l'auxiliaire.

*Elle **n'**a **pas** bien compris les explications.*

En français oral, **ne** disparaît souvent.

- ● *Vous avez fini vos études ?*
- ○ *Non, j'ai **pas** fini, je suis en troisième année.*

La place des adverbes

Au passé composé, les adverbes se placent entre l'auxiliaire et le participe passé.

- ● *Est-ce que tu es **déjà** allé en France ?*
- ○ *Non, je ne suis **jamais** allé en France.*

*Il a **toujours** travaillé.*
*J'ai **beaucoup** dormi.*
*Il a **assez** bu.*
*Nous avons **mal** compris.*
*Vous êtes **bien** arrivés ?*

SITUER UN FAIT DANS LE PASSÉ

*J'ai eu mon baccalauréat **en 1996**.*
*Je suis allé à Paris **il y a deux ans**.*
*J'ai habité **(pendant) deux ans** à Londres.*
*Ça c'est passé **au XXᵉ siècle**.*

PARLER DE SES COMPÉTENCES

- ● *Vous **connaissez** le secteur bancaire ?*
- ○ *Oui, j'ai fait un stage dans une banque pendant mes études.*

- ● *Qu'est-ce que vous **savez** faire ?*
- ○ *Je **sais** jouer de la guitare / conduire / faire des crêpes...*

9. NOUS RECHERCHONS...

A. Lisez les trois offres d'emploi suivantes et complétez-les avec les mots qui manquent.

- ▶ étudiant ou étudiante
- ▶ d'un instrument de musique
- ▶ saisonnier
- ▶ dans le secteur
- ▶ anglais et espagnol
- ▶ âge
- ▶ littéraire ou artistique
- ▶ sérieux et dynamique

Offres d'emploi

Animateur

Le Parc Astérix cherche un animateur pour un emploi saisonnier (avril-octobre).

- • .... : entre 16 et 30 ans
- • Idéal pour ....
- • Vous jouez ....
- • Vous avez le sens du spectacle, vous aimez le contact avec les enfants.
- • Vous parlez deux langues étrangères.
- • Si vous avez déjà une expérience en animation ou en théâtre, cela sera un plus !

Serveur

Serveur (H) restaurant (trois fourchettes) sur les Champs-Élysées.

- • Bonne présentation, sens de l'organisation.
- • Vous êtes agréable, ...
- • École hôtelière et/ou expérience ....
- • Bon niveau d'anglais

Guide

La Ville de Paris recrute un guide pour ses musées et monuments.

- • Âge : à partir de 18 ans
- • Emploi .... (juin-septembre)
- • .... exigés, autres langues appréciées.
- • Vous êtes sérieux et patient.
- • Formation : ....

B. À la radio, l'animateur lit ces mêmes offres à ses auditeurs. Écoutez et vérifiez.

Piste 4

10. LE MEILLEUR CANDIDAT

Piste 5

A. L'agence d'emploi qui gère ces trois offres a reçu quatre candidatures. Deux recruteurs commentent les dossiers des candidats. Écoutez leur conversation et complétez les fiches.

NOM : Leblond

PRÉNOM : Bastien

LIEU DE NAISSANCE : Montpellier

ÂGE : 24 ans

ADRESSE : 3 avenue Jean Jaurès - 75019 Paris

TÉLÉPHONE / COURRIEL : 01 45 26 01 07 / b.leblond@houra.nrp

FORMATION : École hôtelière de Lyon

LANGUES ÉTRANGÈRES : bon niveau d'anglais

EXPÉRIENCE PROFESSIONNELLE : aucune

RÉSULTAT AU TEST PSYCHOTECHNIQUE :

DIVERS :

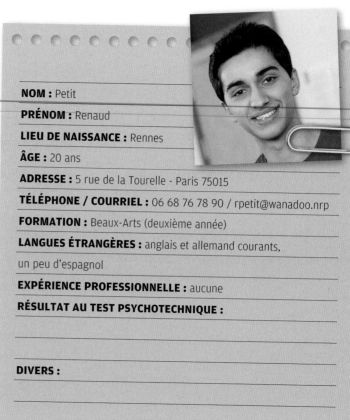

NOM : Petit

PRÉNOM : Renaud

LIEU DE NAISSANCE : Rennes

ÂGE : 20 ans

ADRESSE : 5 rue de la Tourelle - Paris 75015

TÉLÉPHONE / COURRIEL : 06 68 76 78 90 / rpetit@wanadoo.nrp

FORMATION : Beaux-Arts (deuxième année)

LANGUES ÉTRANGÈRES : anglais et allemand courants, un peu d'espagnol

EXPÉRIENCE PROFESSIONNELLE : aucune

RÉSULTAT AU TEST PSYCHOTECHNIQUE :

DIVERS :

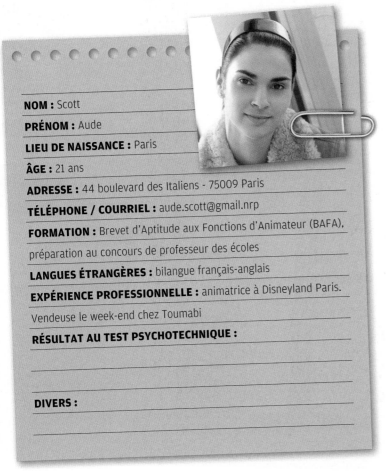

NOM : Hernandes

PRÉNOM : Laurence

LIEU DE NAISSANCE : Évora (Portugal)

ÂGE : 24 ans

ADRESSE : 86 rue Victor Hugo - 75008 Paris

TÉLÉPHONE / COURRIEL : 06 61 05 37 71 / hernandes@yahoo.nrp

FORMATION : Maîtrise en Lettres Modernes

LANGUES ÉTRANGÈRES : portugais et espagnol courants, bon niveau d'anglais, notions d'allemand

EXPÉRIENCE PROFESSIONNELLE : monitrice pour colonies de vacances pendant 6 ans, 2 ans serveuse dans un restaurant (Nice).

RÉSULTAT AU TEST PSYCHOTECHNIQUE :

DIVERS :

NOM : Scott

PRÉNOM : Aude

LIEU DE NAISSANCE : Paris

ÂGE : 21 ans

ADRESSE : 44 boulevard des Italiens - 75009 Paris

TÉLÉPHONE / COURRIEL : aude.scott@gmail.nrp

FORMATION : Brevet d'Aptitude aux Fonctions d'Animateur (BAFA), préparation au concours de professeur des écoles

LANGUES ÉTRANGÈRES : bilangue français-anglais

EXPÉRIENCE PROFESSIONNELLE : animatrice à Disneyland Paris.

Vendeuse le week-end chez Toumabi

RÉSULTAT AU TEST PSYCHOTECHNIQUE :

DIVERS :

B. Par petits groupes, proposez un candidat pour chaque emploi.

- À ton avis, quel est le meilleur candidat pour l'emploi de serveur ?
- Pour moi, c'est Bastien Leblond. Il a fait une école hôtelière.
- Oui, mais il n'a pas d'expérience professionnelle. En plus...

C. Chaque groupe présente maintenant ses conclusions.

- Nous proposons Aude Scott pour le poste de... parce que...

D. Complétez individuellement votre fiche et relisez les offres d'emploi. À quelle offre correspond le mieux votre profil ?

NOM :

PRÉNOM :

LIEU DE NAISSANCE :

ÂGE :

ADRESSE :

TÉLÉPHONE / COURRIEL :

FORMATION :

LANGUES ÉTRANGÈRES :

EXPÉRIENCE PROFESSIONNELLE :

RÉSULTAT TEST PSYCHOTECHNIQUE :

DIVERS :

E. Présentez votre fiche aux membres de votre groupe. L'offre d'emploi qui vous correspond le mieux est-elle la même pour eux et pour vous ?

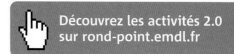

Découvrez les activités 2.0 sur rond-point.emdl.fr

11. SPÉCIFICITÉ FRANÇAISE

A. Lisez le titre du texte ci-dessous. À votre avis, qui sont ces « meilleures mains de France » ? Lisez le texte et vérifiez votre hypothèse.

LES MEILLEURES MAINS DE FRANCE

Un des Meilleurs Ouvriers de France

Le titre de « Un des Meilleurs Ouvriers de France » (MOF) est décerné chaque année à l'auteur(e) d'un chef-d'œuvre professionnel. Ce prix est reconnu par le Ministère du Travail. Les lauréats reçoivent leur diplôme et leur prestigieuse médaille au cours d'une cérémonie à l'Université de la Sorbonne.

Ensuite, le Président de la République les reçoit avec tous les honneurs au Palais présidentiel de l'Élysée. Le titre de MOF, créé en 1924, récompense le savoir-faire dans des métiers manuels traditionnels mais aussi modernes ou de haute technologie.

Déroulement des épreuves

Les candidats disposent d'un temps donné et de matériaux de base pour réaliser leur chef-d'œuvre. Le jury évalue l'organisation, les gestes professionnels, la rapidité d'exécution et, bien entendu, l'originalité et la capacité d'innovation.

La recherche de l'excellence

Les apprentis ont aussi leur concours, et leurs épreuves copient le modèle du MOF. Le titre de « Un des Meilleurs Apprentis de France » (MAF) récompense le meilleur ou la meilleure élève dans chaque catégorie professionnelle.

Il y a de nombreuses catégories professionnelles de MOF et de MAF, mais toutes ont en commun la conception et la réalisation d'un produit du début à la fin.

Ces titres, très respectés en France, sont une manière de récompenser et d'encourager la recherche de l'excellence dans le savoir-faire.

Plus d'informations sur :
www.meilleursouvriersdefrance.info

B. Observez ces œuvres de certains des Meilleurs Apprentis de France. Qu'en pensez-vous ? À quels sujets de la liste correspondent-elles ?

Liste des sujets

Art du verre et du cristal

Boulangerie

Carreleur-mosaïste

Construction d'ensembles chaudronnés

Traiteur

Ébénisterie

Fleuriste

Horlogerie

Maçonnerie

Maroquinerie

Peintre en carrosserie automobile, option décor

Photographie

Tailleur de pierre-marbrier du bâtiment option, marbrier

Tapisserie d'ameublement en siège

Vêtement de peaux

C. Existe-t-il dans votre pays des concours et des titres semblables ?
Quels sont les métiers manuels les plus prestigieux chez vous ?

3 SUCRÉ OU SALÉ ?

Nous allons faire un recueil de cuisine avec nos meilleures recettes.

1. CUISINE FRANÇAISE

A. Voici la photo de quelques produits typiques de la cuisine française. Découvrez leur nom dans la liste, puis vérifiez avec un camarade ou avec votre professeur.

● Comment ça s'appelle, ça ?
○ Des haricots verts.

▶ des haricots verts
▶ des oignons
▶ de l'ail
▶ du poulet
▶ des pommes de terre
▶ du chou-fleur
▶ du jambon
▶ de la viande
▶ des tomates
▶ du pain

▶ de la moutarde
▶ du poisson
▶ des pommes
▶ des carottes
▶ des moules
▶ du raisin
▶ du fromage
▶ de la salade verte
▶ du beurre

B. Aimez-vous ces produits ? Indiquez-le dans la liste ci-dessus à l'aide de ces signes.

++ j'adore   −   je n'aime pas

+   j'aime   −− je n'aime pas du tout / je déteste

C. Comparez vos goûts avec ceux d'un ou de plusieurs camarades. Informez ensuite la classe de vos points communs et de vos différences.

● Nous aimons tous les trois le fromage, le raisin et les pommes.
○ Nous n'aimons pas le chou-fleur.

2. LA LISTE DES COURSES

A. Julie et Amadou ont des invités pour le dîner. Écoutez cette conversation, dans laquelle ils décident du menu et font une liste de courses. Écrivez sous chaque produit le nom et la quantité à acheter. Enfin, complétez le post-it.

Piste 6

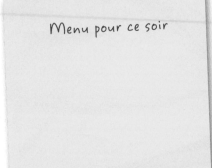

Menu pour ce soir

B. À deux, choisissez un plat que vous aimez. Écrivez la liste des ingrédients nécessaires et indiquez les quantités.

3. CUISINE SÉNÉGALAISE

A. Amandine et Rachid vont manger dans un restaurant sénégalais. Lisez le menu, écoutez leur conversation avec le serveur et prenez la commande.

Piste 7

LE DAKAR
CUISINE SÉNÉGALAISE

MENU DU JOUR

ENTRÉES	PLATS	DESSERTS
Salade exotique	Le maffé de viande	La pirogue de fruits et glace
Le melon au bissap	Poulet yassa	L'ananas frais nature ou au bissap

1 entrée + 1 plat + 1 dessert : 20 €

1 entrée + 1 plat ou 1 plat + 1 dessert : 18 €

TABLE Nº : 14   **NOMBRE DE COUVERTS :**

Entrées :

Plats principaux :

Desserts :

Boissons :

B. Retrouvez quelques ingrédients de ces plats.

C. Toute la classe va dans ce restaurant. Un élève joue le serveur et note les commandes. Quel est le plat le plus demandé ?

● Qu'est-ce que vous avez choisi ?
○ Moi, comme entrée, une salade exotique.
■ Et comme plat principal ?

4. POUR BIEN COMMENCER LA JOURNÉE

A. Lisez cet article. Prenez-vous un petit-déjeuner équilibré ?

UN BON PETIT-DÉJEUNER POUR GARDER LA FORME

Les nutritionnistes considèrent que les Français ont de bonnes habitudes alimentaires. Les repas (déjeuner et dîner) sont en général équilibrés et répondent aux besoins essentiels : un hors-d'œuvre, un plat principal avec des légumes et de la viande, suivi de fromage et de fruits comme dessert. Par contre, seulement 8 % des Français prennent un petit-déjeuner équilibré.

Que manger au petit-déjeuner ?

D'après le docteur Chéreau, ce repas doit couvrir 15 à 20 % des apports énergétiques de la journée, et un petit-déjeuner idéal doit comporter : un laitage, un fruit frais, une boisson et des céréales ou du pain. Le petit-déjeuner est une occasion pour fournir à son organisme les protéines, glucides et lipides nécessaires.

Les protéines

Elles se trouvent dans les produits laitiers, la viande, le poisson et les œufs.

Les glucides

Il s'agit du carburant des muscles et du cerveau. Ils sont présents dans le pain, les céréales, les féculents, etc. Mais attention à ne pas abuser des glucides rapides, qui se trouvent dans les pâtisseries, les confiseries, les boissons sucrées, etc.

Les lipides

Ce sont les graisses présentes, entre autres, dans les pâtisseries, les beignets et les frites. Ils doivent être consommés avec modération.

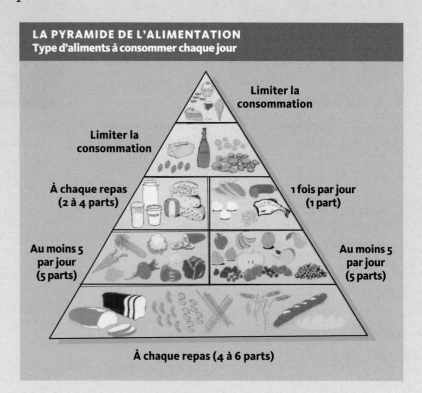

LA PYRAMIDE DE L'ALIMENTATION
Type d'aliments à consommer chaque jour

Limiter la consommation

Limiter la consommation

À chaque repas (2 à 4 parts)

1 fois par jour (1 part)

Au moins 5 par jour (5 parts)

Au moins 5 par jour (5 parts)

À chaque repas (4 à 6 parts)

B. Complétez la composition des petits-déjeuners de vendredi, samedi et dimanche en tenant compte des recommandations des nutritionnistes.

lundi	mardi	mercredi	jeudi	vendredi	samedi	dimanche
• un jus d'orange • un petit sandwich au jambon • une tasse de lait au chocolat	• un jus de fruit • du riz au lait	• un œuf à la coque avec une tranche de pain grillé • un yaourt et un fruit	• des céréales avec du lait • une pomme			

5. MENU DU JOUR

Voici la liste des courses et le menu du jour d'un restaurant. À votre avis, qu'y a-t-il dans chaque plat ? Consultez un dictionnaire et faites des hypothèses. Ensuite, parlez-en à deux.

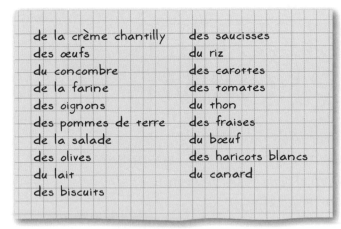

de la crème chantilly	des saucisses
des œufs	du riz
du concombre	des carottes
de la farine	des tomates
des oignons	du thon
des pommes de terre	des fraises
de la salade	du bœuf
des olives	des haricots blancs
du lait	du canard
des biscuits	

Entrées
Assiette de crudités
Salade niçoise

Plat principaux
Cassoulet
Bœuf bourguignon

Desserts
Charlotte aux fraises
Crêpes flambées
au Grand Marnier

- ● Dans les crêpes, il y a de la farine, des œufs et du lait, non ?
- ○ Oui, et dans la salade niçoise je crois qu'il y a...

6. C'EST QUOI ?

A. Posez des questions à votre professeur sur les plats suivants (les ingrédients, le mode de cuisson, etc.). Voudriez-vous les goûter ?

▶ Salade de gésiers   ▶ Blanquette de veau   ▶ Ratatouille   ▶ Chou farci garniture aligot

- ● Qu'est-ce qu'il y a dans la salade de gésiers ?
- ○ L'aligot, c'est sucré ou salé ?
- ■ La ratatouille, c'est quoi ? Une entrée, un plat principal... ?

B. Pensez à des plats que vous connaissez, mais que vos camarades ne connaissent peut-être pas. Écrivez-les sur le tableau de la classe.

- ● Qu'est-ce que c'est la « feijoada » ?
- ○ C'est des haricots noirs avec de la viande.
- ■ C'est piquant ?

AU RESTAURANT

- ● *Vous avez choisi ?*
- ○ *Oui, comme entrée je vais prendre une salade niçoise.*

- ● *Et ensuite, comme plat principal ?*
- ○ *Du poulet basquaise.*

- ● *Et comme dessert ?*
- ○ *Une charlotte aux fraises.*

- ● *Et comme boisson ?*
- ○ *De l'eau minérale / gazeuse.*

MODES DE CUISSON ET DÉGUSTATION

grillé(e)(s)	**frit(e)(s)**
à la vapeur	**bouilli(e)(s)**

C'est cuit **au four / au barbecue / à la poêle / à la casserole.**

- ● *Vous la voulez comment, la viande ?*
- ○ **Bleue / saignante / à point / bien cuite**.

- ● *Qu'est-ce que vous prendrez ?*
- ○ *Un café au lait.*
- ■ *Moi, un thé avec du lait.*

Ça se boit...
... bien frais.
... avec des glaçons.
... à température ambiante.
... (très) sucré.
... sans sucre.
... (très) chaud.
... (très) froid.
... avec du citron.
... avec un peu de miel.

7. LES ASTUCES DU CHEF

A. Les internautes demandent des conseils de cuisine. Trouvez les réponses du Chef.

http://www.lacasseroleenligne.nrp

La casserole en ligne

Cuisine | Pâtisserie | Cuisine végétarienne | Questions-Réponses

Questions des internautes

MARIE — Le réfrigérateur déshydrate les haricots verts. Comment les conserver plusieurs jours bien frais ? (1 réponse)

MICKAËL — J'adore les grenades mais c'est long à éplucher. Avez-vous une astuce ? (1 réponse)

NADIA — J'ai du mal à digérer l'ail. Avez-vous un conseil à me donner ? (1 réponse)

BERNARD — Pouvez-vous me donner une technique pour conserver la salade prête à manger pendant 3 à 4 jours ? (0 réponse)

PATRICK — Comment retirer facilement la peau des tomates ? (1 réponse)

GISÈLE — Comment faire des glaces avec des petits suisses ? (0 réponse)

Réponses du Chef

1. Laissez-le macérer quelques minutes dans un jus de citron.

2. Plongez-les environ 10 secondes dans l'eau bouillante puis, passez-les sous l'eau bien froide.

3. Ouvrez-les par la moitié puis battez-les avec un pilon, les grains tomberont d'eux-mêmes.

4. C'est très simple : enveloppez-les dans une serviette, puis mettez-les au réfrigérateur.

B. À deux, répondez aux questions des internautes restées sans réponse.

8. VIVE LE CAMPING SAUVAGE !

Les Picart –trois adultes et deux enfants– vont faire quatre jours de camping sous la tente, et ils emportent ces aliments. Qu'en pensez-vous ? À deux, discutez pour refaire cette liste.

100 grammes de beurre
10 litres de lait
3 kilos de spaghettis
une boîte de sauce tomate
24 yaourts

7 kilos de viande
50 grammes de fromage râpé
12 kilos de pommes
100 grammes de sucre
2 litres de Coca-Cola

- Ils n'ont pas pris d'œufs.
- Oui, c'est vrai. Et ils n'ont pas beaucoup de sucre.
- Oui, 100 grammes pour cinq personnes, ce n'est pas assez.

INGRÉDIENTS ET SAVEURS

- *Qu'est-ce qu'il y a dans* la ratatouille ?
- *Des légumes cuits : des poivrons, des oignons...*

*C'est **salé** / **sucré** / **amer** / **acide** / **piquant** / **épicé**.*

LA QUANTITÉ (2)

*Il n'y a **pas de** sel dans cette soupe.*
*Il faut ajouter **un peu de** beurre.*
*J'ai acheté **quelques** kiwis pour le dessert.*
*Il n'y a **pas assez de** sucre dans le café, il est amer.*

POIDS ET MESURES

100 grammes de...
un (demi) kilo de...
50 centilitres de...
un litre de...
un quart (1/4) **de litre de**...
un paquet de riz / sucre en poudre / pâtes
un sachet de fromage râpé / noix de coco râpée
une bouteille de vin / d'eau minérale
une boîte de sauce tomate
une cuillère à soupe de farine / d'huile
une pincée de poivre / sel

LES PRONOMS COD

	MASCULIN	FÉMININ
SINGULIER	le	la
	l'	
PLURIEL	les	

*Le café, je **le** bois très chaud.*
*La viande, je **la** mange à point.*
*La bière, je **l'**aime bien fraîche.*
*Les œufs, je **les** préfère en omelette.*

9. LA QUICHE AUX POIREAUX PAS À PAS

A. Lisez cette recette et indiquez l'ordre chronologique des photos.

La quiche aux poireaux

Temps de préparation : 25 minutes
Cuisson : 25 minutes
Ingrédients pour 4 personnes :
  1 pâte brisée prête à dérouler
  4 beaux poireaux
  50 g de gruyère râpé
  4 œufs
  50 cl de lait
  un peu de beurre
  sel et poivre

1. Tout d'abord, mélangez dans un saladier le lait, le sel et le poivre.
2. Ajoutez-y les œufs et battez le tout.
3. Préparez ensuite les poireaux : lavez-les soigneusement pour bien éliminer la terre et coupez-les en fines rondelles.
4. Faites-les revenir quinze minutes dans une poêle avec un peu de beurre.
5. Étalez la pâte brisée dans un moule à tarte et ajoutez-y le gruyère râpé.
6. Versez-y les poireaux puis la préparation aux œufs.
7. Mettez au four à 200 degrés et faites cuire 35 minutes.
8. Servez la quiche tiède avec des petites tomates.

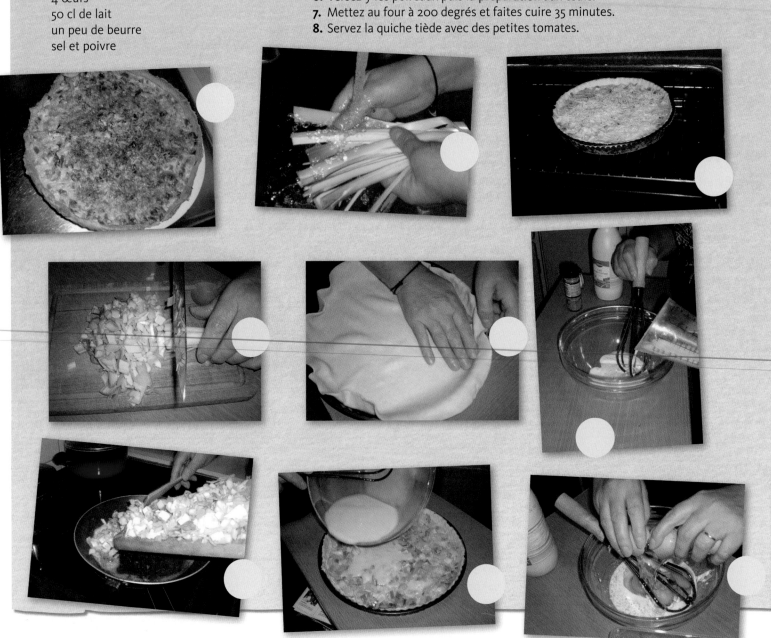

Piste 8

B. Virginie a sa propre recette de la quiche aux poireaux. Écoutez et notez les différences par rapport à la précédente.

La recette de Virginie

Elle met du lait mais aussi ....

Elle ne met pas tout le poireau ....

Elle pique la pâte avec ....

Elle dit que la cuisson est de ....

Elle recommande de servir la quiche avec ....

10. VOS RECETTES

A. Par petits groupes, choisissez un plat que vous aimez et que vous savez faire. Puis, complétez cette fiche.

Notre recette

Temps de préparation : ....

Cuisson : ....

Ingrédients pour 4 personnes : ....

....

....

....

....

....

B. Maintenant, écrivez les étapes de la recette.

Temps de préparation : ....

....

....

....

....

....

....

....

....

....

C. Chaque groupe explique à la classe sa spécialité. Ensuite, vous pouvez afficher vos recettes ou les photocopier pour en faire un recueil.

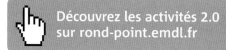

Découvrez les activités 2.0 sur rond-point.emdl.fr

11. CULTURE GASTRONOMIQUE

A. À deux, faites ce test.

À table !

1. Quelle est la célèbre spécialité de l'Alsace ?

a. La choucroute.

b. La bouillabaisse.

c. Les andouillettes.

d. Le cassoulet.

2. Quand boit-on un pastis ?

a. Pendant le repas.

b. À l'apéritif.

c. En digestif.

d. Avec le café.

3. De quel animal provient le foie gras ?

a. Du porc.

b. Du lapin.

c. De l'oie.

d. Du poulet.

4. Que dit-on en France avant de commencer à manger ?

a. À votre santé !

b. Bon plaisir !

c. Bon appétit !

d. À vos souhaits !

5. Qu'est-ce que le roquefort ?

a. Un fromage.

b. Un fruit.

c. Un dessert.

d. Une boisson.

6. À quel moment du repas mange-t-on le fromage ?

a. Au début du repas.

b. Tout au long du repas.

c. Après le dessert.

d. Juste avant le dessert.

7. Le « blé d'Inde » est le nom québécois qui désigne...

a. le maïs.

b. le riz.

c. la pomme de terre.

d. le café.

8. Les crêpes salées à la farine de sarrasin sont typiques...

a. de la Normandie.

b. de la Bourgogne.

c. de la Bretagne.

d. de la Corse.

9. Les moules-frites sont une spécialité...

a. belge.

b. québécoise.

c. française.

d. suisse.

10. Le croissant a été inventé...

a. à Vienne en Autriche.

b. à Lausanne en Suisse.

c. à Lyon en France.

d. à Venise en Italie.

11. « Bouffer » est un mot d'argot qui signifie...

a. boire.

b. manger.

c. avoir faim.

d. prendre un dessert.

12. Le pâté chinois est une spécialité québécoise. Dans ce plat, il y a...

a. des tomates et des escargots.

b. du riz, du chou et du poulet.

c. des carottes, des oignons et du poisson.

d. du maïs, de la purée de pomme de terre et de la viande hachée.

B. À deux, cherchez des informations sur le croissant, le Roquefort ou sur d'autres aliments / plats du test. Partagez vos connaissances avec la classe.

C. En France, chaque région a sa propre spécialité. Indiquez dans chaque étiquette le nom de la région et sa spécialité.

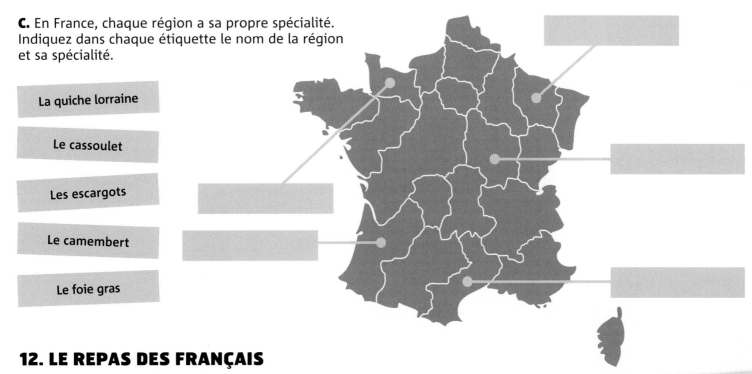

La quiche lorraine

Le cassoulet

Les escargots

Le camembert

Le foie gras

12. LE REPAS DES FRANÇAIS

A. Lisez ce texte. Y a-t-il des informations qui vous étonnent ?

Le 16 novembre 2010, l'Unesco a inscrit le repas gastronomique des Français au « patrimoine culturel immatériel de l'humanité ». Le repas à la française est séquencé – entrées, plats, fromages, desserts –, servi à table, avec un accord entre mets et vins d'une grande diversité et une présentation soignée.

Un repas gastronomique en France est pris autour d'une table soigneusement dressée. Il respecte toujours le même ordre : un apéritif, une entrée, un plat principal avec sa garniture (des légumes, du riz...), une salade verte, un fromage et un dessert.

La salade (en général une salade verte sans autres accompagnements) est servie après le plat principal pour ses valeurs digestives. Généralement, on présente sur la table un plateau avec différents types de fromages. Le plateau passe de mains en mains et chacun se sert. Vous pouvez prendre un petit peu de chaque fromage si vous le voulez (sauf s'il y en a vraiment beaucoup !).

Par contre, si vous êtes invité, vous ne devez pas vous servir le vin vous-même : attendez qu'on vous le propose. Tout au long du repas, n'hésitez pas à parler de ce que vous êtes en train de manger et boire : faites des compliments, demandez des détails sur les plats et les vins qui vous sont servis. Vos hôtes apprécieront ces attentions, car les Français aiment parler de nourriture avant, pendant et après les repas.

vos stratégies

Quand on apprend une langue étrangère, on apprend également la culture et le savoir-vivre d'un pays. Personne ne va se fâcher si vous faites une erreur de grammaire. Il est plus important de bien connaître les usages du pays.

B. Quels usages doit connaître un étranger invité à manger chez vous ?

4 BIENVENUE CHEZ MOI !

1. PAYSAGES DE RÊVE

A. D'où viennent ces cartes postales : de Bruxelles, Montréal, Abidjan ou Genève ?

B. À quelle ville correspond chaque information ?

	Bruxelles	Montréal	Abidjan	Genève
a. Avec un million d'habitants, c'est la capitale de l'Union européenne.	☐	☐	☐	☐
b. Elle se trouve sur la côte ouest de l'Afrique.	☐	☐	☐	☐
c. C'est le siège de la Croix-Rouge.	☐	☐	☐	☐
d. C'est une ville qui est en Amérique.	☐	☐	☐	☐
e. Sa population est de 5 878 609 habitants si on prend en compte toute l'agglomération.	☐	☐	☐	☐
f. La Commission européenne y siège.	☐	☐	☐	☐
g. On y trouve 190 organisations internationales, gouvernementales ou non.	☐	☐	☐	☐
h. Il y pleut 217 jours par an.	☐	☐	☐	☐
i. Le cœur de la ville est une très belle place : la Grand-Place.	☐	☐	☐	☐
j. C'est une grande capitale financière et un rendez-vous traditionnel pour les négociations internationales.	☐	☐	☐	☐
k. En hiver, tout peut se faire sous la terre : acheter, travailler, vivre !	☐	☐	☐	☐
l. On y parle français depuis sa fondation en 1642.	☐	☐	☐	☐
m. Elle a été le siège des Jeux olympiques en 1976.	☐	☐	☐	☐
n. Il y pleut beaucoup de mai à juillet et de septembre à novembre.	☐	☐	☐	☐
o. La ville est construite au bord d'une lagune.	☐	☐	☐	☐

C. Comparez vos réponses avec celles de vos camarades.

- ● Le a, c'est Bruxelles.
- ○ Bien sûr, Bruxelles est la capitale de l'Union européenne.
- ■ Et dans quelle ville se trouve le siège de la Croix-Rouge ?

Nous allons discuter des problèmes d'une ville et proposer des solutions en établissant une liste de priorités.

2. QUALITÉ DE VIE

A. La mairie de votre ville réalise cette enquête. Répondez-y individuellement.

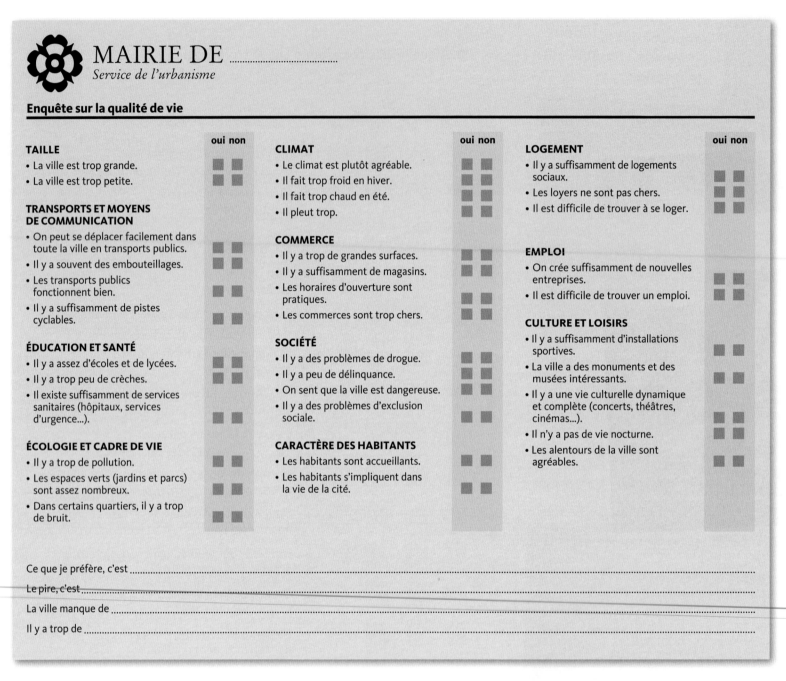

MAIRIE DE ....
Service de l'urbanisme

Enquête sur la qualité de vie

	oui	non
TAILLE		
• La ville est trop grande.	☐	☐
• La ville est trop petite.	☐	☐
TRANSPORTS ET MOYENS DE COMMUNICATION		
• On peut se déplacer facilement dans toute la ville en transports publics.	☐	☐
• Il y a souvent des embouteillages.	☐	☐
• Les transports publics fonctionnent bien.	☐	☐
• Il y a suffisamment de pistes cyclables.	☐	☐
ÉDUCATION ET SANTÉ		
• Il y a assez d'écoles et de lycées.	☐	☐
• Il y a trop peu de crèches.	☐	☐
• Il existe suffisamment de services sanitaires (hôpitaux, services d'urgence...).	☐	☐
ÉCOLOGIE ET CADRE DE VIE		
• Il y a trop de pollution.	☐	☐
• Les espaces verts (jardins et parcs) sont assez nombreux.	☐	☐
• Dans certains quartiers, il y a trop de bruit.	☐	☐

	oui	non
CLIMAT		
• Le climat est plutôt agréable.	☐	☐
• Il fait trop froid en hiver.	☐	☐
• Il fait trop chaud en été.	☐	☐
• Il pleut trop.	☐	☐
COMMERCE		
• Il y a trop de grandes surfaces.	☐	☐
• Il y a suffisamment de magasins.	☐	☐
• Les horaires d'ouverture sont pratiques.	☐	☐
• Les commerces sont trop chers.	☐	☐
SOCIÉTÉ		
• Il y a des problèmes de drogue.	☐	☐
• Il y a peu de délinquance.	☐	☐
• On sent que la ville est dangereuse.	☐	☐
• Il y a des problèmes d'exclusion sociale.	☐	☐
CARACTÈRE DES HABITANTS		
• Les habitants sont accueillants.	☐	☐
• Les habitants s'impliquent dans la vie de la cité.	☐	☐

	oui	non
LOGEMENT		
• Il y a suffisamment de logements sociaux.	☐	☐
• Les loyers ne sont pas chers.	☐	☐
• Il est difficile de trouver à se loger.	☐	☐
EMPLOI		
• On crée suffisamment de nouvelles entreprises.	☐	☐
• Il est difficile de trouver un emploi.	☐	☐
CULTURE ET LOISIRS		
• Il y a suffisamment d'installations sportives.	☐	☐
• La ville a des monuments et des musées intéressants.	☐	☐
• Il y a une vie culturelle dynamique et complète (concerts, théâtres, cinémas...).	☐	☐
• Il n'y a pas de vie nocturne.	☐	☐
• Les alentours de la ville sont agréables.	☐	☐

Ce que je préfère, c'est ....

Le pire, c'est ....

La ville manque de ....

Il y a trop de ....

B. En fonction de vos réponses, attribuez à votre ville une note de 0 à 10.

C. Par groupes, donnez votre opinion en parlant des aspects qui vous semblent les plus importants.

● Moi, je lui ai mis 4. À mon avis, il n'y a pas suffisamment d'installations sportives. En plus, il y a trop de circulation...

3. NANTES OU LYON ?

A. Un forum oppose deux villes et fait appel aux témoignages d'internautes. Imaginez que vous devez aller étudier ou travailler en France : laquelle de ces deux villes choisiriez-vous, et pourquoi ?

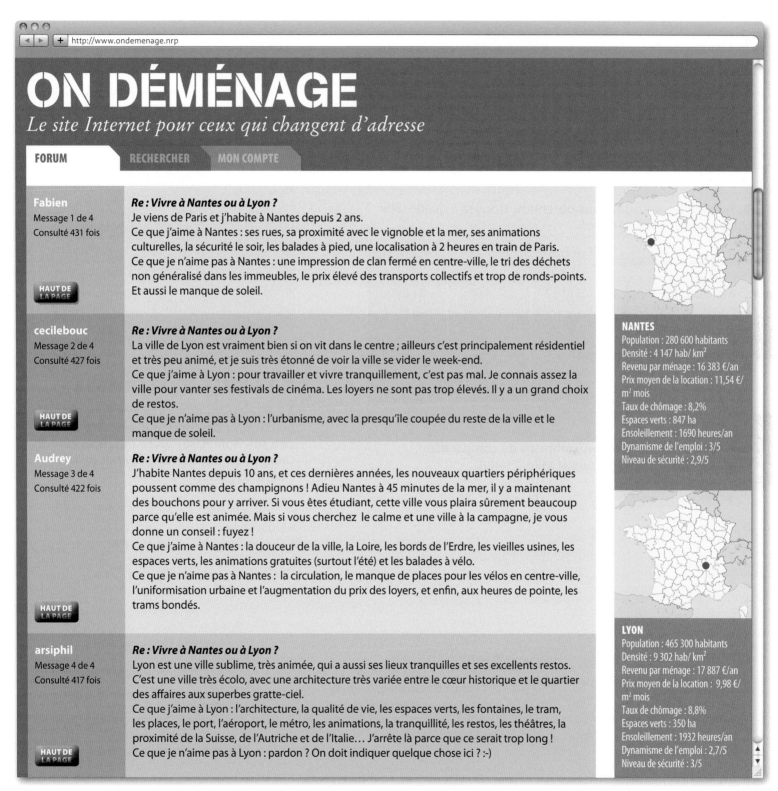

http://www.ondemenage.nrp

ON DÉMÉNAGE
Le site Internet pour ceux qui changent d'adresse

FORUM RECHERCHER MON COMPTE

Fabien
Message 1 de 4
Consulté 431 fois

HAUT DE LA PAGE

Re : Vivre à Nantes ou à Lyon ?
Je viens de Paris et j'habite à Nantes depuis 2 ans.
Ce que j'aime à Nantes : ses rues, sa proximité avec le vignoble et la mer, ses animations culturelles, la sécurité le soir, les balades à pied, une localisation à 2 heures en train de Paris.
Ce que je n'aime pas à Nantes : une impression de clan fermé en centre-ville, le tri des déchets non généralisé dans les immeubles, le prix élevé des transports collectifs et trop de ronds-points. Et aussi le manque de soleil.

cecilebouc
Message 2 de 4
Consulté 427 fois

HAUT DE LA PAGE

Re : Vivre à Nantes ou à Lyon ?
La ville de Lyon est vraiment bien si on vit dans le centre ; ailleurs c'est principalement résidentiel et très peu animé, et je suis très étonné de voir la ville se vider le week-end.
Ce que j'aime à Lyon : pour travailler et vivre tranquillement, c'est pas mal. Je connais assez la ville pour vanter ses festivals de cinéma. Les loyers ne sont pas trop élevés. Il y a un grand choix de restos.
Ce que je n'aime pas à Lyon : l'urbanisme, avec la presqu'île coupée du reste de la ville et le manque de soleil.

Audrey
Message 3 de 4
Consulté 422 fois

HAUT DE LA PAGE

Re : Vivre à Nantes ou à Lyon ?
J'habite Nantes depuis 10 ans, et ces dernières années, les nouveaux quartiers périphériques poussent comme des champignons ! Adieu Nantes à 45 minutes de la mer, il y a maintenant des bouchons pour y arriver. Si vous êtes étudiant, cette ville vous plaira sûrement beaucoup parce qu'elle est animée. Mais si vous cherchez le calme et une ville à la campagne, je vous donne un conseil : fuyez !
Ce que j'aime à Nantes : la douceur de la ville, la Loire, les bords de l'Erdre, les vieilles usines, les espaces verts, les animations gratuites (surtout l'été) et les balades à vélo.
Ce que je n'aime pas à Nantes : la circulation, le manque de places pour les vélos en centre-ville, l'uniformisation urbaine et l'augmentation du prix des loyers, et enfin, aux heures de pointe, les trams bondés.

arsiphil
Message 4 de 4
Consulté 417 fois

HAUT DE LA PAGE

Re : Vivre à Nantes ou à Lyon ?
Lyon est une ville sublime, très animée, qui a aussi ses lieux tranquilles et ses excellents restos. C'est une ville très écolo, avec une architecture très variée entre le cœur historique et le quartier des affaires aux superbes gratte-ciel.
Ce que j'aime à Lyon : l'architecture, la qualité de vie, les espaces verts, les fontaines, le tram, les places, le port, l'aéroport, le métro, les animations, la tranquillité, les restos, les théâtres, la proximité de la Suisse, de l'Autriche et de l'Italie… J'arrête là parce que ce serait trop long !
Ce que je n'aime pas à Lyon : pardon ? On doit indiquer quelque chose ici ? :-)

NANTES
Population : 280 600 habitants
Densité : 4 147 hab/ km^2
Revenu par ménage : 16 383 €/an
Prix moyen de la location : 11,54 €/ m^2 mois
Taux de chômage : 8,2%
Espaces verts : 847 ha
Ensoleillement : 1690 heures/an
Dynamisme de l'emploi : 3/5
Niveau de sécurité : 2,9/5

LYON
Population : 465 300 habitants
Densité : 9 302 hab/ km^2
Revenu par ménage : 17 887 €/an
Prix moyen de la location : 9,98 €/ m^2 mois
Taux de chômage : 8,8%
Espaces verts : 350 ha
Ensoleillement : 1932 heures/an
Dynamisme de l'emploi : 2,7/5
Niveau de sécurité : 3/5

B. Comparez votre choix avec celui d'une autre personne de la classe. Partiriez-vous dans la même ville ? Pour les mêmes raisons ?

● Moi, je préfère Lyon : c'est une ville plus animée que Nantes.

4. PLUS OU MOINS

Piste 9 **A.** Écoutez les extraits de conversation et complétez les phrases.

1. Beaurepaire a .... bars que Castelfleuri.

2. Roquemaure a .... écoles que Castelfleuri.

3. Beaurepaire a .... écoles que Castelfleuri.

4. Castelfleuri a .... habitants que Roquemaure.

5. Roquemaure et Beaurepaire ont le même nombre de / d' ....

6. Roquemaure a deux fois plus de / d' .... que Castelfleuri.

7. Roquemaure et Beaurepaire ont le même nombre de / d' ....

B. À l'aide des informations obtenues, trouvez à quelle ville correspondent ces données.

NOM DE LA MUNICIPALITÉ	....	....
habitants	25 312	21 004	18 247
écoles	8	6	7
musées	3	1	3
terrains de sport	6	3	4
bars	21	15	12
hôpitaux	2	1	2

C. À tour de rôle, faites deux phrases de comparaison. La classe doit deviner de quelle ville il s'agit.

● *Elle a deux écoles de moins que Roquemaure.*
○ *...*

5. ÇA, C'EST MA VILLE !

Expliquez comment vous voyez votre ville ou votre quartier. Complétez les phrases suivantes à l'aide du lexique proposé.

▶ Dans ma ville / mon quartier, il y a beaucoup de / d'...
▶ Il n'y a pas assez de / d'...
▶ Il y a peu de / d'...
▶ Il n'y a pas de / d'... . Par contre, il y a trop de / d'...
▶ La ville manque de / d'...

usine	aéroport	commissariat
commerce	salle de sport	jeunes
pollution	hôpital	salle de cinéma
pont	métro	maison de retraite
université	vie culturelle	monument
piste cyclable		terrain de football
rue piétonne	immeuble	...

6. LA VILLE MYSTÉRIEUSE

À l'aide de ces débuts de phrases, préparez la description d'une ville sans dire son nom. Lisez votre description à vos camarades, qui doivent deviner de quelle ville vous parlez.

▶ Cette ville est...   ▶ Elle se trouve...
▶ On y parle...   ▶ C'est une ville où...
▶ On y mange...   ▶ Il y a...

C'est une grande ville où il fait très chaud en été. On y parle italien...

COMPARER (2)

▶ Comparer des quantités
*Paris a **plus d'**habitants **que** Lyon.*
*Lyon a **moins d'**habitants **que** Paris.*
*Lyon a **autant de** problèmes **que** Paris.*

▶ Comparer des qualités
*Ce quartier est **plus** calme **que** le centre-ville.*
*Le tram est **moins** rapide **que** le métro.*
*Lyon est **aussi** agréable **que** Paris pour vivre.*

▶ Comparer des actions
*À Paris, il pleut **plus qu'**à Rome.*
*À Rome, il pleut **moins qu'**à Lisbonne.*
*À Paris, il pleut **autant qu'**à Londres.*

Attention !
Bien → mieux (plus bien)
Bon → meilleur (plus bon)

Autres ressources pour comparer
*Marseille a **deux fois plus de** jours ensoleillés qu'Oslo.*

Le superlatif
*Paris est **la plus grande** ville de France.*
*Rochefourchat est **la** commune **la moins peuplée** de France.*
*Paris est la ville française avec **le plus de** musées.*

EXPRIMER LE MANQUE ET L'EXCÈS

*La ville **manque de** transports.*
*Il n'y a **pas assez de** / **suffisamment de** vie culturelle.*
*Il y a **peu d'**espaces verts.*
*Il y a **trop de** bruit.*

7. VILLE OU CAMPAGNE ?

À deux, décidez si ces affirmations sont vraies pour la vie en ville V ou pour la vie à la campagne C.

a. La vie y est plus dure.

b. Il y a du bruit.

c. Il faut une voiture.

d. On y est anonyme.

e. On s'y ennuie vite.

f. On y a plus de relations avec les autres.

g. La vie y est plus chère.

h. On y prend le temps de vivre.

i. On y a une meilleure qualité de vie.

j. On s'y sent seul.

k. On y mange mieux.

l. L'hiver y semble plus long.

....

● Je pense qu'à la campagne on s'ennuie vite.
○ Je ne suis pas d'accord avec toi...

8. LES VILLES CHANGENT

Observez ce dessin. Qu'est-ce qui vient de se passer ? Qu'est-ce qui est en train de changer dans cette ville ?

SITUER DANS L'ESPACE : Y

*Bruxelles est une ville bilingue : on **y** parle français et néerlandais. (**y** = à Bruxelles)*

*Cette ville est un paradis pour les gourmets : on **y** trouve des restaurants excellents. (**y** = dans cette ville)*

LE PRONOM RELATIF OÙ

*Bruxelles est une ville **où** il pleut beaucoup. (= À Bruxelles, il pleut beaucoup.)*

ÊTRE EN TRAIN DE + INFINITIF

*Les ouvriers **sont en train de travailler**. (= l'action est en cours)*

VENIR DE + INFINITIF

*La mairie **vient de construire** une nouvelle piscine. (= l'action a eu lieu très récemment)*

EXPRIMER DES OPINIONS

À mon avis...	
Je pense que...	le problème fondamental, c'est...
Pour moi...	

Pour réagir aux opinions des autres, on peut montrer son accord ou son désaccord.

C'est vrai, mais...	
Vous avez raison, mais...	
Je (ne) suis (pas) d'accord...	avec toi / vous.
	avec ce projet.
	avec Pierre.

9. MONSIEUR LE MAIRE...

A. Voici une lettre adressée au maire de Villefranche et publiée dans la revue municipale. Lisez-la, puis dressez la liste des problèmes évoqués.

Courrier des lecteurs n° 88

La rédaction de notre magazine a reçu cette lettre ouverte de l'Association des Amis de Villefranche concernant, entre autres, la construction d'un incinérateur tout près de la ville.

Association des Amis de Villefranche

Lettre ouverte au maire de Villefranche

Monsieur le Maire,

Vous vous êtes engagé à développer la ville et ses ressources, à combattre le chômage et la marginalisation des jeunes Villefranchois, à améliorer la qualité de vie dans les quartiers ! Mais où sont vos actions ?

En ce qui concerne l'environnement, nous avons appris avec regret que vous autorisiez la construction d'un incinérateur. Nous avons été très déçus par cette décision : cette usine se situera à moins de 400 mètres de l'école primaire du quartier des Myrtilles et défigurera les abords de notre jolie commune.

À propos du quartier des Myrtilles, nous vous rappelons qu'il s'agit d'un groupe de logements sociaux totalement abandonnés par les autorités locales. Dans ce quartier, il n'y a pas de transports publics et pas d'équipements sportifs pour les jeunes. Par ailleurs, nous constatons avec inquiétude une augmentation générale de la violence ainsi qu'une absence de réponse policière. Où sont les agents de police quand nous avons besoin d'eux ?

Sur le plan de l'éducation et de la vie sociale, vous avez aussi oublié vos promesses ! Il n'y a que trois collèges et un seul lycée à Villefranche pour une population de 45 000 habitants ! D'autre part, les personnes âgées ne bénéficient d'aucun programme social. Elles n'ont aucun endroit où se réunir pour y faire des activités.

Enfin, Villefranche n'a pas d'hôpital. En cas d'hospitalisation, il faut aller à Castelfleuri, à 80 kilomètres d'ici.

C'est pourquoi nous nous adressons à vous pour savoir ce que devient notre argent et que nous joignons une première pétition qui a déjà été signée par 650 de nos concitoyens.

Dans l'attente de vos explications, nous vous prions de croire, Monsieur le Maire, en l'expression de nos salutations les plus respectueuses.

Association des Amis de Villefranche

B. Une radio locale fait une enquête auprès des Villefranchois. Notez par écrit les problèmes évoqués et mettez-les en rapport avec ces images.

Piste 10

C. Vous allez participer à un conseil municipal de Villefranche pour discuter des problèmes et prendre des décisions. Suivez le plan suivant.

PLAN DE TRAVAIL

PRÉPARATION

▸ Mettez-vous par groupes de trois.
▸ Relisez la lettre au maire et vos notes prises sur l'enquête radiophonique.
▸ Discutez de l'importance et de l'urgence des différents problèmes. Pensez à des solutions.
▸ La mairie dispose de 100 millions d'euros pour de nouvelles infrastructures : décidez comment répartir ce budget.
▸ Nommez un porte-parole.

RÉALISATION DU CONSEIL

▸ Le porte-parole défend le budget proposé par son groupe.
▸ Les autres groupes peuvent poser des questions, formuler des critiques, etc.
▸ Essayez d'arriver à un accord global et à un budget unique.

● Nous pensons qu'il faut investir de 5 à 10 millions d'euros dans la construction d'une nouvelle école, loin de l'incinérateur.
○ Alors vous êtes d'accord pour construire l'incinérateur à l'endroit prévu ?

10. LETTRE OUVERTE

Pensez à votre ville. Rédigez une lettre ouverte à votre maire : exposez-lui vos points de vue et présentez-lui vos suggestions pour améliorer la qualité de vie des habitants.

 Découvrez les activités 2.0 sur rond-point.emdl.fr

Paris au fil du temps

À travers l'histoire, la structure des villes évolue selon les besoins, les tendances architectoniques de chaque moment et la volonté des gouvernants. Voici un bref parcours de l'histoire urbanistique de Paris.

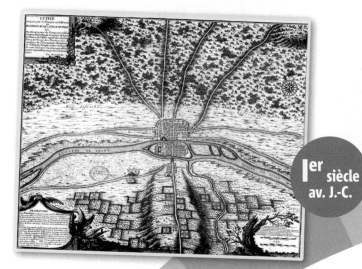

LE PREMIER PARIS

Ier siècle av. J.-C.

Au Ier siècle avant Jésus-Christ, Paris s'appelle Lutèce. C'est une ville gallo-romaine dont le centre est la montagne Sainte-Geneviève, où se dresse aujourd'hui le Panthéon. À son apogée, Lutèce reste une cité modeste de l'Empire romain, avec probablement une population de cinq à six mille habitants. Les routes gallo-romaines existent encore de nos jours. Elles correspondent à la rue Saint-Jacques, qui était la rue principale de Lutèce, le boulevard Saint-Germain et la rue des Écoles.

← Le plan de Lutèce (Paris) en l'an 508.

XIIe siècle · Le Paris médiéval

Au XIIe siècle, sous le règne de Philippe II, Paris change.
- Le roi, choqué par la puanteur de la ville, ordonne de paver les rues principales.
- Il crée l'Université de Paris (la Sorbonne).
- C'est aussi l'époque de la construction de l'emblématique cathédrale Notre-Dame.
- Vers l'an 1200, la ville voit une augmentation rapide de sa population : en quelques années, Paris passe de 25 000 à 50 000 habitants.

Le parvis et la façade de Notre-Dame de Paris au XVIIIe siècle. →

LE PORTAIL DE NÔTRE DAME.

Le nouveau Paris

XIXe siècle

Au milieu du XIXe siècle, les rues de Paris sont encore sombres, étroites et insalubres. Lors de son séjour en Angleterre, Napoléon III avait été fortement impressionné par les quartiers ouest de Londres et l'empereur a voulu faire de Paris une ville aussi prestigieuse : ce sera le nouveau préfet, Georges Eugène Haussmann, qui réalisera ce projet. Les objectifs des travaux sont une meilleure circulation de l'air et des hommes, et la maîtrise d'éventuels soulèvements populaires. Ainsi, de nombreux immeubles sont démolis pour percer des rues plus larges et des grands boulevards. Malgré la réussite des travaux, l'œuvre de M. Haussmann n'en reste pas moins contestée : il fut surnommé « Attila » par les Parisiens, à cause de ses démolitions massives d'immeubles.

← Boulevard du Temple, 1839.

LE PARIS MODERNISTE

Deux expositions universelles laissent une grande empreinte dans la ville. La plus visible, la tour Eiffel, a été construite pour l'exposition de 1889. Alors qu'elle a été décriée pendant sa construction par certains des artistes les plus célèbres de l'époque, elle connaît un succès populaire et remporte l'adhésion des visiteurs.

Vue aérienne de l'Exposition universelle de Paris de 1889 pour laquelle la tour Eiffel fut construite. →

XIXᵉ siècle

XXIᵉ siècle

LE PARIS ACTUEL

On associe souvent Paris à l'alignement d'immeubles de hauteur égale le long d'avenues bordées d'arbres. Effectivement, il existe depuis longtemps des règles strictes d'urbanisme, en particulier des limites à la hauteur des immeubles. Mais de nouvelles tours continuent à sortir de terre dans le quartier d'affaires de La Défense.

← Vue de La Défense, le quartier d'affaires de Paris.

En résumé, Paris a su moderniser ses infrastructures tout en conservant l'empreinte de son passé.

11. TOUT SUR PARIS

A. Quelles informations connaissiez-vous déjà ? Quelles informations nouvelles vous ont étonné ?

B. À deux, choisissez une période décrite dans cette double page, cherchez des informations complémentaires et présentez-les à vos camarades.

C. Choisissez quatre époques différentes et élaborez le parcours historique de votre ville ou d'une ville que vous aimez.

5 À QUOI ÇA SERT ?

Nous allons inventer un objet pour résoudre un problème quotidien et nous le présenterons à la classe.

1. ÇA SERT À...

A. Regardez ces photos d'objets. Connaissez-vous leur nom ?

un lave-vaisselle   une brosse à dents
un sac à dos   un sèche-cheveux   un antivol
un grille-pain   un ouvre-boîtes   un casque de vélo
un gant de toilette

B. À quoi servent ces objets ?

▸ Ça sert à ouvrir une boîte de conserve.
▸ Ça lave la vaisselle.
▸ Ça sert à se brosser les dents.
▸ C'est pratique pour griller le pain.
▸ C'est utile pour éviter de se faire voler son vélo.
▸ C'est indispensable pour se protéger la tête quand on roule à vélo.
▸ Ça permet de se sécher les cheveux.
▸ Ça sert à se laver le corps.
▸ C'est utile pour transporter ses affaires.

C. Parmi ces objets, quels sont ceux que vous n'utilisez jamais et ceux que vous utilisez souvent ?

● Moi, j'utilise tous les jours un sèche-cheveux.
○ Moi jamais, je préfère que mes cheveux sèchent tout seuls !

D. Observez la construction des mots ou expressions de l'activité A. Classez-les ci-dessous selon leur structure.

antivol ...	ouvre-boîtes ...
sac à dos ...	casque de vélo ...

E. Trouvez d'autres mots ou expressions construits selon ces mêmes structures. Cherchez dans le dictionnaire ou demandez à votre professeur.

2. DE BONNES IDÉES

A. Lisez cet article. De quelle année datent ces inventions ?

| 1760 | | 1829 | | 1904 | | 1974 | |

Inventer, c'est facile !

Selon Roland Moreno, l'inventeur de la carte à puce, on ne peut pas créer à partir de rien. Toute nouveauté naît de la capacité à associer des éléments qui existent déjà. Un exemple : c'est en observant des enfants en train de jouer aux billes que l'ingénieur Ladislas Biro a eu l'idée de mettre une bille à la pointe d'une plume. C'est comme ça que le stylo moderne est né !

La carte à puce

C'est l'ingénieur français Roland Moreno qui a inventé la carte à puce. Cette invention a permis le développement de la monnaie électronique : cartes de téléphone, cartes bancaires, porte-monnaie électronique, etc. Aujourd'hui, qui n'a pas deux ou trois cartes à puce dans son portefeuille ?

La montre-bracelet

C'est le bijoutier français Louis Cartier qui a créé la première montre à bracelet pour son ami l'aviateur brésilien Santos-Dumont. Santos-Dumont a expliqué à Cartier ses difficultés pour sortir sa montre quand il était en plein vol. Le bijoutier a alors trouvé la solution : une montre attachée au poignet, qui a reçu le nom de « Santos ».

Le braille

C'est le français Louis Braille qui a mis au point le système d'écriture qui porte son nom. Le braille est un alphabet en relief qui permet aux personnes aveugles ou malvoyantes de lire et d'écrire. Chaque lettre de l'alphabet est représentée par des points disposés d'une certaine manière dans l'espace d'un rectangle.

Les patins à roulettes

L'inventeur belge Jean-Joseph Merlin a eu l'idée de mettre des roues sur une plaque de bois pour remplacer les lames des patins à glace. Il invente ainsi les premiers patins à roulettes.
Par la suite, les matériaux évoluent. À la fin des années 80, les patins à roues alignées, ou rollers, sont introduits sur le marché et remportent un énorme succès.

B. Discutez par groupes de deux : lesquelles de ces inventions sont les plus utiles ? Quelles autres inventions ont changé la vie des gens, à votre avis ?

C. À deux, rédigez les présentations correspondant à ces deux autres inventions françaises. Vous pouvez chercher des informations sur Internet.

Le projecteur de cinéma   Le réveille-matin

3. OBJETS UTILES OU GADGETS ?

A. Voici un extrait du catalogue des magasins Trouvetout. Avez-vous déjà utilisé ces objets ? Peuvent-ils vous être utiles ? Parlez-en à deux.

- Tu as déjà utilisé un rasoir à peluches ?
- Non, jamais, et toi ?
- Oui, ça marche vraiment bien !

LE RASOIR À PELUCHES
INDISPENSABLE !

Le rasoir à peluches élimine les bouloches des tissus en laine. Vos pull-overs retrouveront un aspect neuf. Grâce à sa petite taille, il est très maniable et vous pourrez l'emporter en voyage.

AVANT
14 € 00
avec réservoir
APRÈS

- **Fonctionne avec 2 piles LR6**
- **Livré avec brosse de nettoyage**

BOMBE LACRYMOGÈNE
TRÈS UTILE !

Aérosol de défense très efficace. Son jet puissant neutralise tout agresseur. Sans risque pour l'environnement.

Neutralisant

SAI ANTI-AGRE

ACTION 30

6 €

- **Cont. : 75 ml**

LA TENTE RANDONNÉE
OFFRE SPÉCIALE : 30,34 € !

Grâce à cette tente très confortable, vous apprécierez les joies du camping. Entièrement doublée en polyester imperméable, son armature est en fibre de verre légère. Livrée avec sac de rangement.

30,34 €
NOUVEAU

- **Environ 3 kg**
- **Convient pour 3 personnes**

LA BROSSE ANTI-PELUCHES
GÉNIALE !

Pratique et efficace pour enlever les peluches, poils d'animaux, cheveux... Grâce à ses feuilles autocollantes, vos vêtements, canapés, fauteuils et tapis seront toujours propres !

10 m

- **Facile à transporter**

Piste 11

B. Emma se rend au magasin Trouvetout pour acheter l'un de ces quatre objets. Lequel ?

4. L'INVENTION MYSTÉRIEUSE

A. Lisez le texte suivant. De quelle invention s'agit-il ?

M. Bell est né en 1847 en Écosse. Spécialiste en physiologie vocale, il a imaginé un appareil qui transmet le son par l'électricité. C'est un appareil qui vous permet de parler avec vos amis, votre famille… Il a beaucoup évolué depuis son invention. Cet objet, que vous pouvez maintenant transporter facilement dans votre poche, intègre désormais de nombreuses autres fonctions.

B. Observez les phrases avec **qui** et **que** : quand les utilise-t-on ?

5. LE LOTO DES OBJETS

A. Par groupes, vous allez jouer au loto. Préparez votre grille en mettant le nom de six objets choisis dans cette liste. Attention aux couleurs !

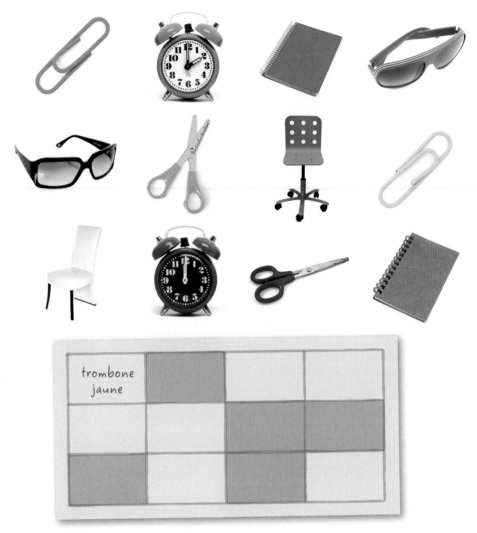

B. Un membre de votre groupe décrit dans le désordre et sans les nommer les objets reproduits ci-dessus. Le premier qui coche toutes ses cases gagne.

● *C'est en métal et c'est jaune. C'est assez petit et ça sert à…*

DÉCRIRE UN OBJET

▶ La matière
un sac en papier / tissu / cuir / plastique
une boîte en carton / bois / porcelaine

▶ Les qualités
Ça se lave facilement.
C'est incassable.

▶ L'usage
Ça sert à écrire.

▶ Le fonctionnement
Ça marche avec des piles / à l'électricité.

LES COULEURS

	MASC. SING.	FÉM. SING.	MASC. PLURIEL	FÉM. PLURIEL
	noir	noire	noirs	noires
	blanc	blanche	blancs	blanches
	vert	verte	verts	vertes
	gris	grise	gris	grises
	bleu	bleue	bleus	bleues
	rouge		rouges	
	jaune		jaunes	
	rose		roses	
	marron			
	orange			

LES PRONOMS RELATIFS QUE ET QUI

▶ **Que** représente le <u>complément d'objet direct</u> du deuxième verbe de la phrase.

*C'est un objet **que** vous portez dans votre sac.*
(= vous portez l'objet…)

▶ **Qui** représente le <u>sujet</u> du deuxième verbe de la phrase.

*C'est une chose **qui** sert à griller le pain.*
(= la chose sert à…)

6. C'EST UN OBJET QUI COUPE...

A. Connaissez-vous ces objets ? Sinon, cherchez-les dans un dictionnaire.

- ▶ une ampoule
- ▶ une feuille de papier
- ▶ une gomme
- ▶ une écharpe
- ▶ une casquette
- ▶ un rasoir

Piste 12

B. Écoutez ces personnes qui jouent à deviner les objets de la liste ci-dessus. Dans quel ordre les décrivent-ils ?

une ampoule	une feuille de papier	une gomme
une écharpe	une casquette	un rasoir

C. Imaginez individuellement d'autres objets, puis faites deviner en petits groupes de quoi il s'agit.

7. L'AVENIR NOUS LE DIRA !

A. Comment imaginez-vous l'avenir ? Décidez si ces affirmations sont vraies ou fausses.

	Vrai	Faux
En 2050, on partira en vacances sur Mars.		
Dans 30 ans, on traversera l'Atlantique par un tunnel.		
En 2040, les enfants n'iront plus à l'école.		
Au siècle prochain, grâce aux progrès médicaux, nous vivrons tous plus de 120 ans.		
À cause de l'Homme, il n'y aura bientôt plus d'animaux sauvages en Afrique.		
Un jour, les voitures voleront.		
Dans 15 ans, l'eau sera aussi chère que l'essence.		
Dans 100 ans, il y aura des humains mutants.		
Dans quelques années, nous mangerons des comprimés au lieu de produits frais.		
En 2090, les professeurs de français n'existeront plus.		

vos stratégies

Si vous ne savez pas comment nommer un objet, vous pouvez le définir par sa forme, son aspect et ses usages. Ainsi, vous parviendrez toujours à vous faire comprendre.

B. Comparez vos réponses avec celles de deux camarades. Êtes-vous d'accord entre vous ?

- ● *Je crois que dans quelques années les animaux sauvages n'existeront plus à cause de...*

C. Et vous, comment voyez-vous votre avenir ?

- ● *Moi, dans 20 ans, j'aurai une grande maison hyper-moderne, totalement automatisée.*
- ○ *Eh bien moi, dans 5 ans, je parlerai parfaitement le français !*

LE FUTUR SIMPLE

Le futur simple sert à annoncer des prévisions ou à faire des prédictions.

*Demain, **il fera** beau sur tout le pays.*

Il sert aussi à faire des promesses.

Demain, Le mois prochain, Dans 10 ans,	**nous serons** plus tranquilles.

VERBES RÉGULIERS	
je	manger**ai**
tu	étudier**as**
il / elle / on	finir**a**
nous	sortir**ons**
vous	écrir**ez**
ils / elles	prendr**ont**

Les verbes irréguliers au futur ont un radical différent de celui de leur infinitif.

être → *je serai*
avoir → *j'aurai*

LA CAUSE

- ▶ **Grâce à**
  ***Grâce à** Internet, je peux travailler chez moi.*

- ▶ **À cause de**
  *Je n'ai pas pu dormir **à cause du** bruit.*

LE BUT

- ▶ **Pour (ne pas)** + infinitif
  ***Pour aller** plus vite, utilisez l'ascenseur !*

- ▶ **Pour ne plus** + infinitif
  *Je déménage **pour ne plus entendre** mes voisins.*

8. UN CONCOURS D'INVENTIONS

A. Le magazine *Vivre mieux* a mené une enquête sur les problèmes quotidiens de ses lecteurs. Reliez chaque image avec le témoignage correspondant.

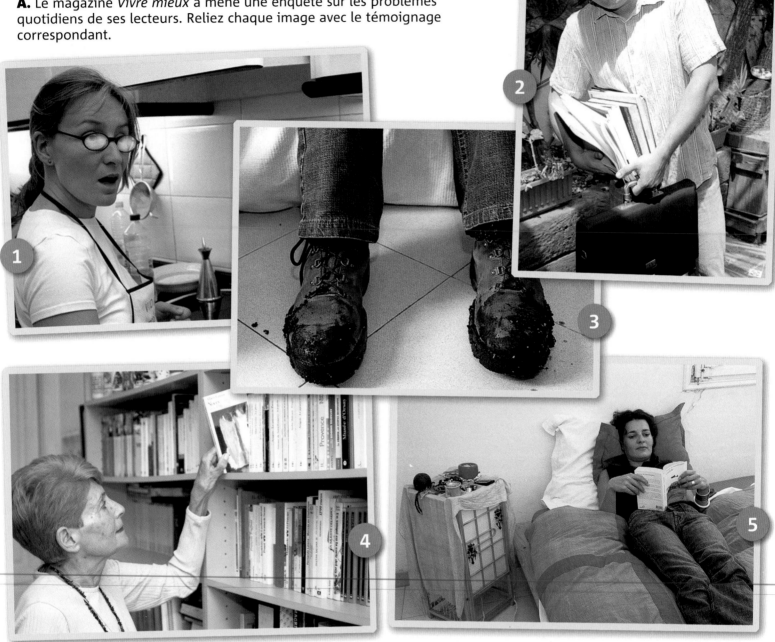

« J'adore lire et mon mari aussi, alors nous sommes envahis par les livres ; nous n'avons toujours pas trouvé de système efficace pour les ranger. »

« Je porte des lunettes depuis l'enfance, ça ne me dérange pas. Mais quand je cuisine, la buée sur les verres me gêne : je dois les enlever pour les nettoyer sans cesse. C'est très agaçant. »

« Devant ma maison, il y a un terrain plein de boue et, comme je dois entrer et sortir de chez moi plus de vingt fois par jour, je n'enlève pas mes chaussures. Du coup, je salis le sol. »

« J'adore lire au lit, mais c'est fatigant de tenir le livre et surtout de tourner les pages ! »

« Pour aller à la fac, je dois toujours transporter des kilos de livres et mon cartable est terriblement lourd à porter. Je peux bien sûr prendre une valise à roulettes, mais je me sens ridicule avec ça ! »

B. Par groupes, vous allez participer à un concours d'inventions.
Suivez ce plan de travail.

PLAN DE TRAVAIL

▶ Parmi les problèmes évoqués dans la page précédente, choisissez celui que vous aimeriez résoudre. Vous pouvez également décider de résoudre un de vos problèmes quotidiens.

▶ Cherchez des camarades qui ont fait le même choix.

▶ Par groupes, mettez au point une invention qui apporte une solution au problème : donnez-lui un nom, décrivez-la, précisez les utilisateurs potentiels, etc.

▶ Toute la classe définit une série de critères (utilité, originalité, présentation, etc.) pour évaluer les inventions et les présentations.

▶ Rédigez votre présentation. N'oubliez pas d'ajouter des illustrations, des dessins, des schémas.

▶ Chaque groupe présente son invention.

▶ Toute la classe vote pour la meilleure invention et la meilleure présentation en fonction des critères choisis.

Découvrez les activités 2.0
sur rond-point.emdl.fr

Multibrosse à souliers

Les bons plans pour

Patricia Josselin, rédactrice en chef du magazine

Le chineur, nous donne ses astuces pour chiner malin.

Est-ce que c'est propre aux Français, ce goût pour la brocante, les objets anciens, chiner et espérer découvrir un trésor ?

Oui, les Français aiment chiner. La France, c'est un grenier rempli de tas de très beaux objets, et nous sommes reconnus dans le monde pour cela. Je dirais qu'il y a deux types de chineurs. La personne qui est un collectionneur averti sur l'histoire des styles, qui se documente énormément, se cultive, fréquente les salons d'antiquaire et qui s'intéresse aux objets pour leur beauté. Et puis, il y a le chineur qui se laisse happer par la nostalgie, s'intéresse à l'objet parce qu'il lui rappelle son enfance, parce qu'il est le symbole d'une période, d'une époque... Surtout, c'est le seul loisir qui touche toutes les générations et qui est gratuit.

[...]

Est-ce que tout le monde peut organiser et participer à une brocante, un vide-grenier ?

Il faut bien faire la distinction entre brocante et vide-grenier. Oui, tout le monde peut participer à l'un ou à l'autre, à condition, en ce qui concerne les brocantes, d'être enregistré comme marchand. Une brocante, c'est une manifestation qui accueille des exposants professionnels. Les vide-greniers, c'est vraiment autre chose, ce sont des particuliers qui exposent de façon occasionnelle. [...]

Quelles sont les nouvelles tendances ?

Le marché de l'objet ne déroge pas aux phénomènes de mode. Ce qui est tendance, c'est de ne pas se couler dans l'uniformité. En ce qui concerne les fripes, le vintage est très à la mode par exemple. En mobilier, c'est le mobilier industriel qui est très recherché – la pendule d'un atelier, des vestiaires d'usines [...] sont très à la mode. L'idée, c'est de pouvoir l'intégrer dans un ensemble contemporain, de donner une touche, de mélanger les genres et les époques.

Quels conseils très pratiques donneriez-vous à un amateur qui chercherait à faire de bonnes affaires ?

La première chose, c'est d'être très bien informé. Prendre le temps de téléphoner avant de se déplacer, car certaines manifestations sont annulées à la dernière minute. Bien sûr, les premiers arrivés sont les premiers servis, les plus belles pièces partent souvent très tôt. Il est important de se munir d'espèces, de petite monnaie, d'un sac à dos vide, et d'une petite lampe si l'on vient chiner très tôt en hiver. Il arrive qu'il fasse encore nuit.

chiner

Le risque lorsqu'on est amateur, c'est aussi de se faire avoir. Existe-t-il des astuces simples pour éviter les pièges, connaître la valeur d'un objet sans être expert ? Le meilleur conseil que l'on peut donner, c'est de se documenter sur l'objet en question, s'informer sur les bonnes adresses. Un bon chineur doit s'informer, avoir un certain nombre de connaissances sur les époques, les styles… L'œil se travaille avec l'expérience. Se rendre sur les brocantes, toucher, échanger, pouvoir comparer, c'est de la pratique. Après, il s'agit de faire confiance aux marchands. Attention, car parfois les bonnes affaires peuvent cacher quelque chose qui ne va pas. Le fait de marchander fait vraisemblablement partie du jeu de la brocante, c'est dans l'esprit, mais un bel objet a forcément une valeur, un prix.

Source : le magazine *Le chineur.*

9. AVEZ-VOUS BIEN COMPRIS ?

Répondez aux questions.

1. Selon Patricia Josselin, pourquoi les Français aiment-ils les brocantes et les vide-greniers ?
▸ Parce que c'est économique.
▸ Parce que c'est amusant.
▸ Parce qu'ils adorent les vieux objets.

2. Quel est le meilleur moment d'une brocante pour trouver un objet exceptionnel ?
▸ À la fermeture.
▸ Très tôt le matin.
▸ À l'heure du déjeuner.

3. La vente dans les brocantes est réservée…
▸ aux particuliers.
▸ aux professionnels.
▸ aux particuliers et aux professionnels.

4. Actuellement, quel type de mobilier est très à la mode ?
▸ Les meubles rustiques en bois.
▸ Le mobilier industriel.
▸ Le mobilier des années 80.

10. UN PEU DE LEXIQUE

Associez ces mots et expressions à leur définition.

Faire une bonne affaire ● ● Mot populaire qui signifie vêtement, habit.

Un vide-grenier ● ● Personne qui aime les vieux objets et aime faire les brocantes, les vide-greniers.

Un chineur ● ● Acheter un objet au-dessous de sa valeur.

Une fripe ● ● Marché où on vend des objets personnels que l'on n'utilise plus.

6 VACANCES EN FRANÇAIS

Nous allons fixer des objectifs pour améliorer notre français à travers différentes activités pendant les vacances.

1. EN FRANÇAIS !

A. Cette femme a décidé de faire un voyage pour découvrir Paris et pour mettre en pratique ce qu'elle a appris en cours de français.

▶ À votre avis, est-il indispensable de voyager dans un pays francophone pour améliorer son français ?

▶ En avez-vous déjà fait l'expérience ?

▶ Selon vous, la culture et la langue sont-elles forcément liées ?

B. Existe-t-il d'autres stratégies pour pratiquer le français en dehors de la classe ? Complétez cette liste.

- Lire des BD en français : « Les aventures de Tintin », par exemple.

- Organiser un échange linguistique avec un francophone.

- Consulter des pages Internet en français.

...

C. Par petits groupes, demandez-vous quelles activités vous avez déjà faites.

● Est-ce que vous avez déjà écouté des chansons françaises ?
○ Moi, jamais !
■ Moi, oui.
● Ah oui ? Quelles chansons ?

2. APPRENDRE AUTREMENT

A. Observez ce site Internet et, par petits groupes, choisissez votre proposition préférée et décidez laquelle vous paraît...

▶ ... la plus étonnante.
▶ ... la plus efficace pour progresser en français.
▶ ... la plus agréable.
▶ ... la plus difficile.
▶ ... la meilleure.

http://www.toujoursenfrançais.nrp

TOUJOURS EN FRANÇAIS

Apprenez le français efficacement ! Nous vous proposons une grande variété de séjours linguistiques pour faire des progrès en français : cours de langue standards, intensifs ou spécialisés.

FRANÇAIS + VACANCES EN FAMILLE
Le matin, vous pourrez suivre des cours de français adaptés à vos besoins. La méthode d'enseignement est ludique et interactive. Tous les après-midi seront libres. Vous pourrez vous détendre en famille ou participer à des activités proposées par l'école.

+ D'INFOS

FRANÇAIS + TRAVAIL
Idéal pour améliorer votre niveau de français et pour acquérir en même temps une expérience professionnelle internationale dans les secteurs de l'hôtellerie, du tourisme et des métiers de l'accueil.

+ D'INFOS

FRANÇAIS + THÉÂTRE
Programme spécial du mois de juillet en immersion totale au sein d'une troupe de théâtre amateur. Vous vivrez 24 heures sur 24 avec les membres de la troupe. Vous ferez un travail sur le corps et la voix, sur la mémoire et l'improvisation. À la fin du séjour, votre troupe présentera son travail en public.

+ D'INFOS

AUTRES FORMULES
Français + yoga
Français + pêche
Séjours à la carte : vous avez un besoin, un désir particulier ? Nous vous proposons la formule la mieux adaptée à vos désirs. N'hésitez pas à nous contacter.

B. À deux, imaginez d'autres formules puis présentez-les à la classe. Lesquelles sont les plus originales ?

Piste 13

C. Quelles formules ont choisi ces personnes ? Écoutez et complétez le tableau.

	Formule	Quand	Où	Opinion
1er témoignage				
2e témoignage				
3e témoignage				

3. À CHACUN SA TECHNIQUE !

A. Répondez spontanément à ce questionnaire. Trouvez ensuite votre profil d'apprenant au moyen de la grille proposée au-dessous.

Vous connaissez-vous ?

1. Le professeur prononce un mot nouveau.

a. Je demande au professeur de répéter le mot puis je le répète à voix basse pour le retenir.

b. Je demande au professeur d'écrire le mot au tableau.

c. Je demande au professeur d'utiliser ce mot dans une phrase.

2. J'écoute une conférence.

a. Je préfère écouter sans prendre de notes, j'ai une bonne mémoire !

b. Je prends beaucoup de notes.

c. Je n'aime pas les conférences, je trouve souvent le temps long !

3. Quand j'utilise un nouvel appareil (un ordinateur, un appareil photo, un téléphone portable, etc.)...

a. je demande à quelqu'un de m'expliquer son fonctionnement.

b. je lis attentivement le mode d'emploi et j'essaie de bien comprendre son fonctionnement.

c. j'appuie sur tous les boutons pour voir comment il fonctionne.

4. Je n'arrive pas à bien comprendre l'usage du passé composé.

a. J'ai besoin d'écouter de nombreux récits au passé composé.

b. J'ai besoin d'un bon résumé de grammaire.

c. On ne peut pas faire un jeu pour mieux comprendre ?

5. Quelqu'un me demande où se trouve la gare.

a. Je lui explique le chemin en détails.

b. Je dessine le trajet sur un bout de papier, comme ça la personne ne se perdra pas.

c. Si ce n'est pas loin, j'accompagne la personne.

6. J'ai du mal à prononcer un mot.

a. Je le prononce plusieurs fois en m'écoutant le prononcer.

b. Je regarde bien comment il s'écrit et j'essaie de le prononcer.

c. J'ai compris son sens et je sais comment l'utiliser, c'est le plus important !

7. Je dois faire un exposé oral.

a. Pas de problème, j'ai le plan dans ma tête.

b. Mon texte est écrit sur un papier, c'est plus sûr !

c. Je tiens un objet (stylo, crayon, trombone...) dans mes mains. Ça me calme !

8. Un nouvel élève / nouveau collègue arrive, il a l'air sympa.

a. Je lui demande comment il s'appelle.

b. Je lui souris et je l'observe attentivement.

c. Je vais vers lui et je lui serre la main.

9. Je regarde une série française sur Internet.

a. J'écoute plusieurs fois les scènes difficiles à comprendre.

b. Si c'est très difficile, j'affiche les sous-titres en français.

c. J'ai choisi une série policière parce qu'il y a une intrigue à résoudre.

10. Je crois que j'apprends mieux une langue...

a. si j'écoute des chansons, si je vois des reportages, si je participe à des conversations.

b. si je lis et j'écris beaucoup.

c. si je fais des jeux, si je change souvent d'activité et si j'applique mes connaissances.

Vous avez une majorité de a.

Vous traitez l'information principalement par l'écoute. Vous préférez les activités pédagogiques où vous pouvez faire de l'écoute active, communiquer, écouter de la musique ou des narrations.

Vous avez une majorité de b.

Vous traitez l'information principalement par la vue. Vous préférez les activités pédagogiques où vous pouvez prendre des notes, lire ou visionner des vidéos.

Vous avez une majorité de c.

Vous traitez l'information principalement par l'action. Vous préférez les activités pédagogiques où vous pouvez construire, manipuler ou vivre des expériences personnelles.

B. Commentez vos résultats avec des camarades. Apprenez-vous de la même manière ?

● Moi, j'ai une grande majorité de a, j'apprends surtout par l'écoute.
○ Eh bien, moi, j'apprends plutôt par l'action, j'ai besoin de bouger.

4. QUAND TOUT À COUP...

A. Trois personnes racontent des anecdotes à propos de leur apprentissage du français. Écoutez et prenez des notes.

Piste 14

	Expérience	Problème	Solution
1er témoignage			
2e témoignage			
3e témoignage			

B. Et vous, avez-vous vécu une expérience semblable ? Comment avez-vous fait ?

5. QUI SUIS-JE ?

A. Complétez ces phrases sur une feuille de papier que vous donnerez ensuite à votre professeur.

> En classe de français :
> J'ai besoin de... et... et... pour me sentir à l'aise.
> J'ai parfois envie de... et de...
> J'ai du mal à... et je n'arrive pas encore bien à...
> J'essaie de... pour améliorer...

B. Le professeur va lire les phrases de vos camarades. Pouvez-vous deviner qui les a écrites ?

C. Y a-t-il un camarade avec les mêmes besoins ou envies que vous ?

6. PRÉDICTIONS POUR RIRE !

A. Vous allez « lire » la main d'un camarade et improviser quelques prédictions sur la place du français dans sa vie.

> - Tu rencontreras un Français dans quelques années et tu partiras vivre à Paris. Tu écriras un roman policier en français...

B. Quelles prédictions aimeriez-vous voir se réaliser et lesquelles non ?

> - J'aimerais bien écrire un roman en français, mais je n'aimerais pas du tout partir vivre à Paris.

LE PRÉSENT, LE PASSÉ COMPOSÉ ET LE FUTUR

Le présent de l'indicatif peut indiquer :

▶ une situation présente.
   ● **Il fait** froid ce matin !
   ○ Brrrrr, oui, drôlement froid !

▶ une action en cours de réalisation.
   ● **Tu fais** quoi ?
   ○ **Je fais** mes devoirs.

▶ une action habituelle dans le présent.
   Je sors avec mes amis tous les vendredis.

Le passé composé indique une action qui s'est produite avant le moment où l'on parle.

> ● Dimanche dernier, **j'ai fait** 50 kilomètres en VTT.
> ○ Ouah ! Tu es en forme !

Le futur indique une action qui se passera après le moment où l'on parle.

> ● L'été prochain, **nous irons** sur la Côte d'Azur.
> ○ La Côte d'Azur ? Super !

EXPRESSIONS TEMPORELLES

PASSÉ	PRÉSENT	FUTUR
hier	aujourd'hui	demain
hier matin	ce matin	demain matin
avant-hier	–	après-demain
il y a deux jours	–	dans deux jours
la semaine dernière	cette semaine	la semaine prochaine
le mois dernier	ce mois-ci	le mois prochain
il y a 50 ans	cette année	dans 50 ans

7. COMMENT TU RÉAGIS... ?

Piste 15

A. Fred et Camille répondent au test d'un magazine. Trouvez leurs réponses.

Êtes-vous trop complaisant(e) ?

1. Vous êtes dans le train et vous lisez le journal. Un homme s'assoit à côté de vous et se met à lire votre journal par-dessus votre épaule. Comment réagissez-vous ?
a. Vous **lui** offrez votre journal.
b. Vous ne **lui** dites rien, mais vous **lui** lancez un regard méchant.
c. Cela ne vous gêne pas : vous **lui** permettez de lire avec vous.
d. Autres réactions : ...

2. Vous faites la queue à la caisse. Juste au moment où vous allez poser vos achats, une dame **vous** passe devant. Comment réagissez-vous ?
a. Vous protestez énergiquement et vous **lui** dites de se remettre derrière vous.
b. Vous ne **lui** dites rien.
c. Vous **lui** dites que vous aussi vous êtes très pressé(e).
d. Autres réactions : ...

3. Le matin, vous prenez l'ascenseur en même temps que vos voisins.
a. Vous **leur** dites bonjour et vous **leur** parlez du temps qu'il fait.
b. Vous **leur** demandez s'ils ont bien dormi.
c. Vous **leur** souriez mais vous ne **leur** parlez pas.
d. Autres réactions : ...

4. Vous êtes très bon(ne) en mathématiques : deux camarades de classe vous demandent s'ils peuvent copier votre devoir.
a. Vous êtes indigné(e) et vous **leur** conseillez d'étudier plus.
b. Vous savez qu'ils ont des difficultés en classe, alors vous **leur** proposez de les aider pour leurs devoirs.
c. Vous **leur** permettez de copier votre devoir.
d. Autres réactions : ...

	1	2	3	4
Fred				
Camille				

B. Que pensez-vous de ces comportements ? Ces étudiants vous semblent-ils mal élevés ? Discutez-en entre vous.

C. Observez les mots en gras dans le test du magazine. Il s'agit de pronoms personnels compléments d'objet indirect (COI). Comment s'utilisent-ils ?

EXPRIMER UN BESOIN

▶ **Avoir besoin de** + nom / infinitif
*Les maths sont difficiles et **j'ai besoin de temps** pour assimiler.*
*Pour progresser en français, **j'ai besoin de faire** beaucoup d'exercices d'expression orale.*

EXPRIMER UNE ENVIE

▶ **Avoir envie de** + infinitif / nom
● ***J'ai envie de visiter** Paris : la tour Eiffel...*
○ *Oui, moi aussi, **j'ai envie de vacances** en France.*

EXPRIMER UNE DIFFICULTÉ

▶ **Avoir du mal à** + infinitif
***J'ai du mal à comprendre** les films en version originale.*
▶ **Ne pas arriver à** + infinitif
***Je n'arrive pas à faire** cette activité.*

DÉCRIRE DES EFFORTS

▶ **Essayer de** + infinitif
● *Vous faites quoi pour progresser en français ?*
○ *Moi, j'**essaie de** lire régulièrement en français, mais c'est difficile !*

LES PRONOMS COI

à moi	me / m'	à nous	nous
à toi	te / t'	à vous	vous
à lui	lui	à eux	leur
à elle	lui	à elles	leur

● *Il faudrait téléphoner à Nadia pour la prévenir de notre arrivée.*
○ *D'accord, je **lui** téléphone ce soir.*

8. L'HEURE DU BILAN A SONNÉ !

A. Sur une feuille de papier, recopiez et complétez le tableau avec quatre activités pour utiliser le français en dehors de la classe et les difficultés que vous avez rencontrées.

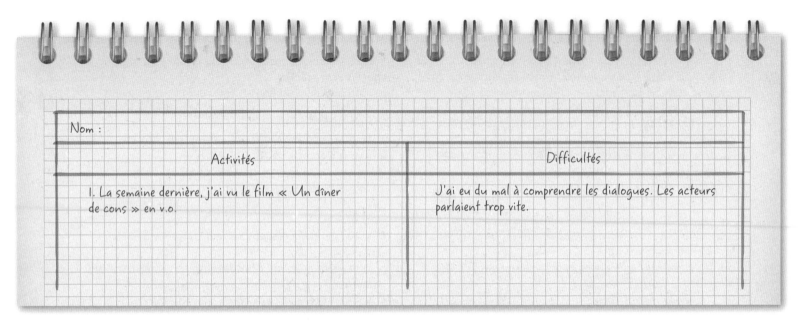

Nom :	
Activités	Difficultés
1. La semaine dernière, j'ai vu le film « Un dîner de cons » en v.o.	J'ai eu du mal à comprendre les dialogues. Les acteurs parlaient trop vite.

B. Formez des petits groupes et échangez vos feuilles. Vous allez donner des conseils aux camarades qui ne sont pas dans votre groupe.

- Daniela a des difficultés à comprendre les films en v.o.
- On peut lui recommander de voir les films sous-titrés en francais.
- Ou bien d'écouter souvent la radio française pour...

C. Présentez vos conseils à la classe, puis établissez une liste résumant les difficultés les plus fréquentes de la classe et les solutions que vous proposez. Affichez cette liste dans la classe.

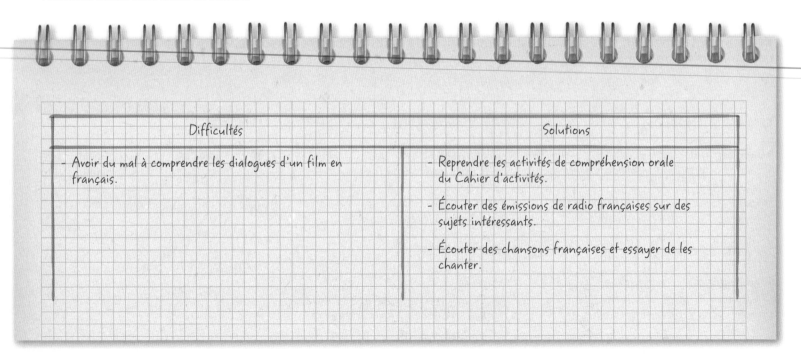

Difficultés	Solutions
- Avoir du mal à comprendre les dialogues d'un film en français.	- Reprendre les activités de compréhension orale du Cahier d'activités. - Écouter des émissions de radio françaises sur des sujets intéressants. - Écouter des chansons françaises et essayer de les chanter.

D. Reprenez le tableau de l'activité A que vous avez completé et trouvez les solutions à vos difficultés dans la liste affichée. Établissez ensuite un planning mensuel d'activités visant à améliorer votre niveau de français.

LUNDI	MARDI	MERCREDI	JEUDI	VENDREDI	SAMEDI	DIMANCHE
		me connecter à www. rond-point.emdl.fr **2**	**3**	échange linguistique avec Pierre **4**	aller à la bibliothèque pour lire quelques BD en français **5**	**6**
	1					
écouter la radio en français **7**	**8**	me connecter à www. rond-point.emdl.fr **9**	reprendre les activités de compréhension orale du Cahier **10**	voir un film en français **11**	**12**	**13**
écouter la radio en français **14**	**15**	me connecter à www. rond-point.emdl.fr **16**	**17**	échange linguistique avec Pierre **18**	aller à la bibliothèque pour lire quelques BD en français **19**	**20**
21	**22**	me connecter à www. rond-point.emdl.fr **23**	reprendre les activités de compréhension orale du Cahier **24**	voir un film en français **25**	**26**	**27**
28	**29**	me connecter à www. rond-point.emdl.fr **30**	**31**			

vos stratégies ⊗

Faire régulièrement, en français, une activité qui vous intéresse est un bon moyen d'apprendre et de maintenir votre motivation pour l'apprentissage.

E. Présentez votre planning d'activités à vos camarades. Peut-être trouverez-vous des compagnons pour réaliser ces activités.

Découvrez les activités 2.0 sur rond-point.emdl.fr

Une France pour tous

Plus de 100 000 personnes viennent chaque année en France suivre
« en immersion » des cours de français. Le choix est vaste, il y en a
pour tous les goûts : formules sportives, culturelles ou gastronomiques.
Voici quelques exemples pour vous aider à vous décider.

Pour les fans de sports : le Tour de France.

Depuis plus de 100 ans, chaque
année au mois de juillet, des
centaines de cyclistes parcourent
la France en une vingtaine d'étapes
physiquement très éprouvantes.
Le Tour se termine sur la célèbre
Avenue des Champs- Élysées
à Paris. Cet événement est très
populaire et l'on vient, entre
amis ou en famille, sur les bords
des routes pour encourager les
coureurs.

Pour les fans de culture : le musée du Louvre.

Ce musée est un ancien palais royal
devenu musée en 1793. Il renferme des
œuvres d'art d'époques et de cultures
très diverses : des antiquités orientales,
égyptiennes, grecques et romaines,
des peintures du Moyen Âge et de la
Renaissance, etc. Le tableau le plus
célèbre est, sans aucun doute, *La Joconde*
de Léonard de Vinci. Mais c'est aussi
au Louvre que vous pourrez admirer
La Vénus de Milo, *Les Noces de Cana* ou
Le Radeau de la Méduse. Le musée du
Louvre organise également des ateliers,
des concerts, des projections de films et
des conférences autour des collections
et des expositions du musée.

Pour les fans de théâtre :
le festival d'Avignon.

Il s'agit d'une des plus importantes manifestations internationales du spectacle vivant contemporain. Chaque année, en juillet, Avignon devient une ville-théâtre. De nombreux spectateurs, souvent en vacances et venus de loin, séjournent plusieurs jours à Avignon et admirent quelques spectacles parmi la quarantaine d'œuvres de théâtre, de danse, d'arts plastiques et de musique.

Pour les fans d'archéologie :
la grotte de Lascaux.

Située en Dordogne, la grotte de Lascaux est une grotte paléolithique très importante. Les magnifiques peintures et gravures que l'on peut admirer sur ses parois ont entre 19 000 et 17 000 ans. Cette grotte, qui a été découverte en 1940, a permis de faire de grands progrès dans la connaissance de l'art préhistorique et de nos origines.

Pour les fans de gastronomie :
la Champagne.

Située à une heure de train à l'est de Paris, la région Champagne produit un vin exceptionnel de dénomination contrôlée appelé « champagne ». Chaque année, environ 500 000 touristes du monde entier visitent une partie des 200 km de caves qui abritent plus d'un milliard de bouteilles de champagne en cours d'élaboration. La visite d'une cave ou d'une crayère d'Épernay ou de Reims vous permettra de connaître quelques secrets de fabrication du champagne.

9. NOTRE CHOIX

Par petits groupes, choisissez l'une des formules proposées et cherchez des renseignements supplémentaires pour réaliser un panneau informatif qui sera affiché en classe.

1 BIEN DANS NOTRE PEAU

PARLER DE SES HABITUDES : LE PRÉSENT

Le présent de l'indicatif permet d'exprimer une action habituelle.

Je mange du poisson une fois par semaine.
Je prends toujours le métro pour aller travailler.
Je sors avec mes amis tous les vendredis.

Pour conjuguer les verbes au présent de l'indicatif, on utilise les radicaux ou bases phonétiques de ces verbes. Il y a des verbes à une base, à deux bases et à trois bases.

Formation du présent

▶ Verbes au présent à une base

TRAVAILLER
[tʀavaj]
je **travaill**-e tu **travaill**-es il / elle / on **travaill**-e nous **travaill**-ons vous **travaill**-ez ils / elles **travaill**-ent

▶ Verbes au présent à deux bases

La même base pour les trois personnes du singulier et la troisième personne du pluriel, et une autre pour **nous** et **vous**.

ACHETER	
[aʃɛt]	[aʃət]
j'**achèt**-e tu **achèt**-es il / elle / on **achèt**-e	
	nous **achet**-ons vous **achet**-ez
ils / elles **achèt**-ent	

La même base pour les trois personnes du singulier et une autre base pour les personnes du pluriel.

DORMIR	
[dɔʀ]	[dɔʀm]
je **dor**-s tu **dor**-s il / elle / on **dor**-t	
	nous **dorm**-ons vous **dorm**-ez ils / elles **dorm**-ent

▶ Verbes au présent à trois bases

Une base pour les trois personnes du singulier, une base pour **nous** et **vous** et une autre base pour **ils / elles**.

BOIRE		
[bwa]	**[byv]**	**[bwav]**
je **boi**-s tu **boi**-s il / elle / on **boi**-t	nous **buv**-ons vous **buv**-ez	ils / elles **boiv**-ent

▶ Autres verbes

Certains verbes très fréquents ont des formes au présent différentes de leur forme à l'infinitif.
C'est le cas des verbes **être**, **avoir** et **aller**.

ÊTRE	AVOIR	ALLER
je **suis** tu **es** il / elle / on **est** nous **sommes** vous **êtes** ils / elles **sont**	j'**ai** tu **as** il / elle / on **a** nous **avons** vous **avez** ils / elles **ont**	je **vais** tu **vas** il / elle / on **va** nous **allons** vous **allez** ils / elles **vont**

LES VERBES PRONOMINAUX

Certains verbes sont pronominaux. C'est-à-dire que le sujet est accompagné d'un autre pronom personnel
(**me, te, se, nous, vous, se**) qui représente la même personne.

- • *À quelle heure tu **te** lèves le matin ?*
- ○ *Je **me** lève à 6 heures trente.*

Les particules négatives **ne** et **pas** se placent ainsi :

*Mario **ne** se couche **pas** tard le soir.*
*Le week-end, nous **ne** nous levons **pas** avant 11 heures.*

COMPARER (1)

On peut faire des comparaisons pour indiquer :

▶ la supériorité

- • *Je fais du sport trois fois par semaine.*
- ○ *Tu fais **plus de sport que** moi.*

▶ l'égalité

- • *Moi, je dors à peu près 8 heures par nuit.*
- ○ *Je dors **autant d'heures que** toi.*

▶ l'infériorité

*Il a besoin de **moins d'heures de sommeil que** moi.*

LA FRÉQUENCE

Toujours, souvent, quelquefois, rarement, deux fois (par semaine), etc. sont des adverbes qui indiquent si une action est plus ou moins fréquente. En général, ils se placent après le verbe conjugué.

*Je mange **toujours** à la même heure.*

Ces adverbes peuvent aussi s'employer seuls.

- *Est-ce que vous fumez des cigares ?*
- ○ ***Rarement**.*

L'article défini singulier devant les jours de la semaine ou les moments de la journée indique une habitude, une action que l'on fait régulièrement.

- *Toni, est-ce que tu joues souvent au tennis ?*
- ○ *Oui, **le vendredi**.*

- *À quelle heure vous vous levez **le matin** ?*
- ○ *En général, à six heures.*

Au lieu de dire **le vendredi, le matin**… on peut aussi dire : **tous les vendredis, chaque vendredi, tous les matins, chaque matin**…

- *Vous êtes ouvert le matin ?*
- ○ *Oui, **tous les matins** de 8 h à 12 h sauf le vendredi.*

LA NÉGATION : NE … JAMAIS

Ne est placé avant le verbe conjugué et **jamais** est placé après.

*Je **ne** prends **jamais** de café l'après-midi.*

À l'oral et dans un registre de langue familier, **ne** disparaît.

*Je Ø fais **jamais** la sieste.*

Jamais peut s'utiliser seul.

- *Vous regardez la télévision le soir ?*
- ○ ***Jamais**.*

LA QUANTITÉ (1)

« Peu » et « beaucoup »

Peu et **beaucoup** sont des adverbes de quantité. Placés après le verbe conjugué, ils modulent son sens. **Peu** indique une petite quantité et **beaucoup** indique une grande quantité.

- *Tu manges **peu** ; tu n'as pas faim ?*
- ○ *Si, j'ai terriblement faim, mais je suis au régime.*

- *Tu as l'air fatigué ?*
- ○ *Oui, je travaille **beaucoup**.*

Quand ils sont suivis d'un nom, il faut ajouter la préposition **de**.

*Le poisson est un aliment sain qui contient **peu de graisses**.*

Vous regardez souvent la télé ?

Moi, jamais !

« Trop » et « pas assez »

Trop et **pas assez** sont des adverbes de quantité qui expriment un point de vue subjectif. Le locuteur donne son opinion à propos d'une quantité qu'il juge excessive (**trop**) ou insuffisante (**pas assez**).

- *Je fais des exercices de français pendant 10 minutes chaque jour.*
- ○ *C'est **pas assez** !*
- ❏ *C'est **trop** !*

Quand **trop** et **pas assez** sont suivis d'un nom, il faut ajouter la préposition **de**.

- *Je prends quatre cafés par jour.*
- ○ *Vous prenez **trop de café** !*

Tu ne dors pas assez ! Il faut dormir plus !

L'IMPÉRATIF

L'impératif est un mode verbal qui permet d'exprimer un ordre ou une instruction. Il permet aussi d'exprimer une recommandation, un conseil.

__Ferme__ la fenêtre, j'ai froid !

- *En ce moment, je suis fatigué et j'ai mal au dos.*
- ○ *__Faites__ 10 minutes d'exercices de relaxation par jour.*

Formation de l'impératif

L'impératif n'a que trois personnes : la deuxième du singulier (**tu**) et les deux premières du pluriel (**nous**, **vous**). Les pronoms personnels sujets disparaissent.

IMPÉRATIF AFFIRMATIF		
PRENDRE	(tu)	Prends !
DORMIR	(nous)	Dormons !
BOIRE	(vous)	Buvez !

Le **-s** de la deuxième personne des verbes en **-er** disparaît à l'impératif.

__Va__ chez ta grand-mère et surtout ne __parle__ pas avec des inconnus !
(Le Petit Chaperon rouge)

Pour exprimer une interdiction, les particules **ne** et **pas** encadrent le verbe conjugué.

IMPÉRATIF NÉGATIF		
PRENDRE	(tu)	Ne prends pas !
DORMIR	(nous)	Ne dormons pas !
BOIRE	(vous)	Ne buvez pas !

Pour les verbes pronominaux à l'impératif affirmatif, il faut placer le pronom personnel tonique après la forme verbale et le relier à elle par un trait d'union.

IMPÉRATIF AFFIRMATIF		
SE LEVER	(tu)	Lève-**toi** !
S'ASSEOIR	(vous)	Asseyez-**vous** !

À la forme négative, on met le pronom réfléchi avant le verbe, dans sa forme non tonique.

	IMPÉRATIF NÉGATIF	
SE LEVER	(tu)	Ne **te** lève pas trop tard !
S'ASSEOIR	(vous)	Ne **vous** asseyez pas ici !

Les verbes **être** et **avoir** ont une forme irrégulière à l'impératif.

ÊTRE	Sois sage !	Soyons prêts !	Soyez aimables !
AVOIR	N'aie pas peur !	N'ayons pas peur !	Ayez l'air aimable !

DONNER DES CONSEILS, RECOMMANDER

Pour s'adresser directement à quelqu'un

▶ l'impératif

*Tu es très stressé, **détends-toi** !*

▶ le verbe **devoir**

Il est, dans ce cas, suivi d'un verbe à l'infinitif.

*Vous êtes très stressé, vous **devez** vous détendre !*

DEVOIR		
[dwa]	[dəv]	[dwav]
je **doi**-s tu **doi**-s il / elle / on **doi**-t		
	nous **dev**-ons vous **dev**-ez	
		ils / elles **doiv**-ent

Donner un conseil de manière impersonnelle

Pour cela, on peut utiliser :

▶ **il faut**

▶ **il est important de / d'**

▶ **il est nécessaire de / d'**

▶ **il convient de / d'**

Ces formes, suivies d'un verbe à l'infinitif, signifient qu'une action est nécessaire ou obligatoire. Ce sont des structures impersonnelles : le pronom sujet **il** ne se réfère pas à une personne concrète (le pronom **il** est strictement un sujet grammatical).

*Pour être en bonne santé, **il est nécessaire d'**avoir une alimentation variée.*

● *Je veux perdre du poids.*
○ ***Il faut réduire** les lipides et faire de l'exercice.*

2 À CHACUN SON MÉTIER

LES NOMS DE PROFESSIONS

Pour parler de la profession, on ne met pas d'article devant le nom.

Je suis acteur.   *Je suis ~~un~~ acteur.*
Elle est médecin.   *Elle est ~~une~~ médecin.*

Le nom varie en genre et en nombre.

Pierre est enseignant.	(masculin singulier)
Marie est enseignant**e**.	(féminin singulier)
Ils sont enseignant**s**.	(masculin pluriel)
Elles sont enseignant**es**.	(féminin pluriel)

On forme le féminin des noms de différentes manières.

	MASCULIN	FÉMININ
Le nom s'écrit et se prononce de la même manière au masculin et au féminin.	un juge un interprète un architecte	une juge une interprète une architecte
Le nom a une forme différente au féminin mais sa prononciation ne change pas.	un auteur un employé	une auteur**e** une employé**e**
Le nom s'écrit et se prononce différemment : consonne + **e**.	un avocat [avɔka] un marchand [maʀʃɑ̃]	une avocat**e** [avɔkat] une marchand**e** [maʀʃɑ̃d]
Le nom s'écrit et se prononce différemment : redoublement de la consonne + **e**.	un musicien [myzisjɛ̃] un pharmacien [faʀmasjɛ̃]	une musicie**nne** [myzisjɛn] une pharmacie**nne** [faʀmasjɛn]
Le nom s'écrit et se prononce différemment : **-er** → **-ère** **-eur** → **-euse** **-teur** → **-trice**	 un boulang**er** [bylɑ̃ʒe] un vend**eur** [vɑ̃dœʀ] un ac**teur** [aktœʀ]	 une boulang**ère** [bylɑ̃ʒɛʀ] une vend**euse** [vɑ̃døz] une ac**trice** [aktʀiz]

PARLER DE SES COMPÉTENCES

Le verbe **connaître** exprime l'acquisition de connaissances, la pratique et l'expérience dans un domaine particulier.

- *Vous **connaissez** le secteur bancaire ?*
- ○ *Oui, j'ai fait un stage dans une banque pendant mes études.*

Le verbe **savoir** exprime la maîtrise d'une compétence mentale ou physique.

*Gabrielle est une enfant douée, elle ne **sait** pas encore écrire mais elle **sait** déjà lire.*

- *Qu'est-ce que **vous savez** faire ?*
- ○ ***Je sais** jouer du piano, conduire, faire des crêpes, jouer au tennis, jouer aux échecs, parler anglais, japonais et chinois, chanter, danser le cha-cha-cha, le tango et la polka. **Je sais** tout faire !*

LE PASSÉ COMPOSÉ

Le passé composé indique une action ou un événement qui se sont produits avant le moment où l'on parle. Le passé composé permet d'exprimer une expérience et de raconter une histoire.

- *Vous parlez une langue étrangère ?*
- ○ ***J'ai vécu** deux ans en Angleterre, je parle bien l'anglais.*

- *Tu n'as pas l'air en forme !*
- ○ ***Je n'ai pas dormi** cette nuit, je suis très fatigué.*

*Marco Polo **a vécu** 16 ans en Chine.*

*Victor Hugo **a publié** Les Misérables en 1862.*

***Je suis née** en 1984 en Pologne. L'année suivante, **ma famille est venue** vivre à Paris. **J'ai fait** toute ma scolarité en français et, à 19 ans, **je suis partie** travailler en Allemagne, à Cologne.*

Formation du passé composé

Le passé composé est formé de l'auxiliaire **avoir** ou **être** au présent de l'indicatif, suivi du participe passé du verbe. La plupart des verbes se conjuguent avec l'auxiliaire **avoir**.

***J'ai écouté** le dernier album de Salif Keita. J'adore !*
***Nous avons marché** pendant des heures. J'ai les pieds en compote !*

Les verbes pronominaux se conjuguent systématiquement avec l'auxiliaire **être**.

***Je me suis réveillée** à 10 heures ce matin.*

Les verbes suivants se conjuguent avec l'auxiliaire **être** : **naître, mourir, venir, revenir, apparaître, arriver, partir, entrer, rentrer, sortir, monter, descendre, aller, rester, passer, tomber**... Les verbes de la même famille (**devenir, remonter, repartir**, etc.) se conjuguent également avec l'auxiliaire **être**.

- ***Tu es allé** au cinéma ce week-end ?*
- ○ *Non, **je suis resté** tranquillement chez moi.*

*Marilyn Monroe **est née** en 1926. Elle **est morte** très jeune, à 36 ans.*

Le participe passé

À l'écrit, il y a huit terminaisons différentes de participes passés.

-é	J'ai rencontr**é** Paul à Londres.
-i	Je n'ai pas fin**i** mon travail.
-it	Je n'aime pas conduire la nuit. C'est Julien qui a condu**it**.
-is	Ils ont pr**is** le train de nuit.
-ert	Mes amis m'ont off**ert** un super cadeau.
-u	Vous avez l**u** le dernier roman d'Amélie Nothomb ?
-eint	Qui a p**eint** *La Joconde* ?
-aint	Un client s'est pl**aint** au directeur.

À l'oral, il existe seulement cinq terminaisons différentes.

[e]	**-é**	J'ai rencontr**é** Paul à Londres.
[i]	**-i**	Je n'ai pas fin**i** mon travail.
	-it	Je n'aime pas conduire la nuit. C'est Julien qui a condu**it**.
	-is	Ils ont pr**is** le train de nuit.
[ɛr]	**-ert**	Mes amis m'ont off**ert** un super cadeau.
[y]	**-u**	Vous avez l**u** le dernier roman d'Amélie Nothomb ?
[ɛ̃]	**-eint**	Qui a p**eint** *La Joconde* ?
	-aint	Un client s'est pl**aint** au directeur.

L'accord du participe passé

Quand le verbe se conjugue avec l'auxiliaire **être**, le participe passé s'accorde avec le sujet.

Estelle, à quelle heure tu es rentr**ée** cette nuit ?	(féminin singulier)
Alain, à quelle heure tu es rentr**é** cette nuit ?	(masculin singulier)
À quelle heure **Estelle et sa sœur** sont-elles rentr**ées** ?	(féminin pluriel)
À quelle heure **vos enfants** sont-ils rentr**és** ?	(masculin pluriel)

À la forme négative

À la forme négative, les particules **ne** et **pas** encadrent l'auxiliaire.

*Je **n'**ai **pas** compris. Vous pouvez répéter, s'il vous plaît ?*
*Je **ne** me suis **pas** réveillé ce matin. Mon réveil **n'**a **pas** sonné.*
*C'est un film horrible, nous **ne** sommes **pas** restés jusqu'à la fin.*

À l'oral et dans un registre de langue familier, la particule négative **ne** disparaît souvent.

● *Tu as vu le dernier film de Chéreau ?*
○ *Non, je l'ai **pas** vu. Il est bien ?*

La place des adverbes

Les adverbes se placent normalement après le verbe conjugué.
Par conséquent, au passé composé, les adverbes se placent après l'auxiliaire.

	toujours	travaillé.
	beaucoup	dormi.
Il a	**assez**	bu.
	mal	compris.
	bien	mangé.

SITUER UN FAIT DANS LE PASSÉ

Pour situer un fait, un événement ou une action dans le passé, il existe différentes expressions.

*Elle a vécu **au dix-neuvième siècle**.*
*J'ai eu mon baccalauréat **en 1996**.*

	ce matin à *8 heures.*
	***hier** (**matin** / **midi** / **après-midi** / **soir**).*
Daniel est parti	***lundi, mardi...** (**matin** / **midi** / **après-midi** / **soir**).*
	***lundi dernier** / **la semaine dernière** / **le mois dernier** / **l'année dernière**.*

Pour dire qu'une action a été réalisée, on utilise l'adverbe **déjà**.

● *Tu n'as pas de devoirs à faire pour demain ?*
○ *Ils sont **déjà** faits.*

● *Vous avez **déjà** mangé des cuisses de grenouille ?*
○ *Oui, une fois, dans un restaurant à Pékin.*

Pour exprimer qu'une action n'a pas été réalisée mais qu'elle va être faite, on utilise **pas encore**.

● *Tu as déjà préparé ton CV ?*
○ *Non, **pas encore**. Je vais le faire ce week-end.*

Pour exprimer qu'une action n'a pas été réalisée, on utilise **ne... jamais**.

● *Vous êtes déjà allé à New York ?*
○ *Non, je **ne** suis **jamais** allé aux États-Unis.*

Pour parler d'un moment dans le passé, on peut utiliser **il y a** suivi d'une expression de durée.

● *Quand est-ce que vous vous êtes rencontrés ?*
○ ***Il y a** deux ans.*

● *Quand est-ce que vous vous êtes mariés ?*
○ *Oh, **il y a** longtemps !*

Nous nous sommes rencontrés il y a deux heures !

Pour exprimer une durée limitée dans le passé, on utilise généralement **pendant** ou **durant**.

*J'ai travaillé **pendant deux jours** / **une semaine** / **cinq ans**... comme interprète.*

L'usage de **pendant** ou **durant** est facultatif.

*J'ai travaillé (**durant**) **trois mois** / **longtemps**... en Allemagne.*

3 SUCRÉ OU SALÉ ?

POIDS ET MESURES

cent grammes de viande	(100 g)
deux cent cinquante grammes de viande	(250 g)
un demi-kilo de viande	(1/2 kg)
un kilo de viande	(1 kg)
un kilo et demi de viande	(1,5 kg)
un quart de litre de vin	(1/4 l = 25 cl)
un tiers de litre d'eau	(1/3 l)
cinquante centilitres d'eau	(50 cl)
un demi-litre d'eau	(1/2 l = 50 cl)
un litre d'eau	(1 l)
une demi-douzaine d'œufs	(6)
une douzaine d'œufs	(12)
une cuillère à soupe d'huile	
une pincée de poivre	
un paquet de riz	
un sachet de fromage râpé	
une bouteille de vin	
une boîte de sauce tomate	

LA QUANTITÉ (2)

« Pas de », « peu de », « un peu de », « beaucoup de » et « quelques »

Quand **pas, peu, un peu** et **beaucoup** sont suivis d'un nom, il faut ajouter la préposition **de / d'**.

*Je n'ai **pas de** voiture.*
*Le poisson est un aliment sain qui contient **peu de** graisses.*
*Nous avons **un peu de** temps devant nous.*
*Timothée a **beaucoup d'**amis.*

	*Je n'ai pas **d'**argent.*
€	*J'ai **peu d'**argent.*
€€	*J'ai **un peu d'**argent.*
€€€	*J'ai **beaucoup d'**argent.*

Un peu de ne s'utilise pas avec des noms comptables.

Nous avons ~~un peu d'amis~~.

Pour exprimer une petite quantité comptable, on utilise **quelques**.

*Nous avons **quelques** amis.*
*J'ai fait **quelques** courses au supermarché.*

« Pas assez de », « assez de » et « trop de »

Pas assez de / d', **assez de / d'** et **trop de / d'** expriment un point de vue subjectif. Le locuteur donne son opinion à propos d'une quantité qu'il juge insuffisante (**pas assez de / d'**), suffisante (**assez de / d'**) ou excessive (**trop de / d'**).

*Il n'y a **pas assez de** sucre dans mon café, il est amer !*

● *Est-ce que tu as **assez de** farine pour faire des crêpes ?*
○ *Oui, j'en ai **assez**.*

*Dix exercices à faire pour demain ! Le professeur de maths nous donne **trop de** devoirs.*

LES PRONOMS COD

Les pronoms compléments d'objet direct (COD) **le**, **la**, **l'** et **les** remplacent un nom déjà introduit dans le discours.

	MASCULIN	FÉMININ
SINGULIER	le	la
	l'	
PLURIEL	les	

Ta chambre est désordonnée, range-la immédiatement !

La place des pronoms COD

Ils se placent :

▶ généralement devant le verbe conjugué.

● *Comment fonctionne ce truc ?*
○ *Tu **l'**ouvres comme ça et tu **le** mets en marche en appuyant ici.*

▶ devant l'auxiliaire du verbe conjugué pour les temps composés.

● *Tu a vu Pierre hier ?*
○ *Oui, je **l'**ai vu hier soir.*

▶ devant un verbe à l'infinitif.

● *Qui fait les courses ?*
○ *Je peux **les** faire demain.*

▶ derrière un verbe à l'impératif affirmatif.

● *Tu n'as pas lu ce livre ?*
○ *Non.*
● *Lis-**le**, il est passionnant !*

*Lavez une pomme et coupez-**la** en petits morceaux.*

*Mettez les lardons dans une poêle et faites-**les** cuire.*

AU RESTAURANT

- ● *Vous avez choisi ?*
- ○ *Oui, comme / en entrée, je vais prendre une salade niçoise.*

- ● *Et ensuite, comme plat principal ?*
- ○ *Du poulet basquaise.*

- ● *Et comme dessert ?*
- ○ *Une charlotte aux fraises.*

- ● *Et comme boisson ?*
- ○ *De l'eau minérale / gazeuse / une carafe d'eau.*
  Du vin blanc / rosé / rouge.
  Une bière.
  Un jus de fruits.

- ● *Vous prendrez un café ?*
- ○ *Oui, un café noir / un crème / un noisette.*

- ○ *Vous pouvez nous apporter l'addition, s'il vous plaît ?*
- ● *Oui, tout de suite.*

L'addition, s'il vous plaît !

MODES DE CUISSON ET DE DÉGUSTATION

grillé(e)(s)	**mariné(e)(s)**
frit(e)(s)	**confit(e)(s)**
à la vapeur	**bouilli(e)(s)**

*C'est cuit **au four** / **au barbecue** / **à la poêle** / **à la casserole**.*

- ● *Vous la voulez comment, la viande ?*
- ○ ***Bleue / saignante / à point / bien cuite**.*

Ça se boit...
... bien frais.
... avec des glaçons.
... à température ambiante.
... (très) sucré.
... sans sucre.
... (très) chaud.
... (très) froid.
... avec du citron.
... avec un peu de miel.

INGRÉDIENTS ET SAVEURS

***C'est de la viande ou du poisson** ?*

- ● ***Qu'est-ce que c'est** les rillettes ?*
- ○ ***C'est** une sorte de pâté.*

- ● ***Qu'est-ce qu'il y a dans** la ratatouille ?*
- ○ *Des légumes : des poivrons, des oignons...*

*C'est (très) **salé / sucré / amer / acide / piquant / épicé**.*

4 BIENVENUE CHEZ MOI !

COMPARER (2)

Comparer des quantités

On peut comparer deux quantités pour indiquer la supériorité, l'égalité ou l'infériorité.

> Paris : 2 125 851 habitants
> Lyon : 445 274 habitants
> Nîmes : 133 406 habitants
> Tours : 132 677 habitants

*Paris a **plus d'habitants que** Lyon.*
*Il y a presque **autant d'habitants** à Tours **qu'**à Nîmes.*
*Tours et Nîmes ont **moins d'habitants que** Paris.*

Pour préciser une comparaison, on utilise **un peu**, **beaucoup**, **bien**, **deux / trois… fois**, etc.

*Tours et Nîmes ont **beaucoup moins d'habitants que** Paris.*
*Il y a **un peu moins d'habitants** à Tours **qu'**à Nîmes.*
*Il y a **cinq fois plus d'habitants** à Paris **qu'**à Lyon.*

Comparer des qualités

L'adjectif qualificatif se place entre les deux marqueurs de la comparaison.

*La ville de Paris est **plus grande que** la ville de Lyon.*
*La ville de Tours est **aussi grande que** la ville de Nîmes.*
*La ville de Lyon est **moins grande que** la ville de Paris.*

Bien, **bon** et **mauvais** ont des formes particulières de comparaison :

▶ **bien → mieux**
*Pour moi, vivre en ville est **mieux** que vivre à la campagne.*

▶ **bon(ne)(s) → meilleur(e)(s)**
*La qualité de vie est **meilleure** à Tours qu'à Paris.*

▶ **mauvais(e)(s) → pire(s)**
*Les conditions de vie sont **pires** dans une grande ville que dans une petite ville.*

Mais, à l'oral, on dit souvent :

*Les conditions de vie sont **plus mauvaises**…*

On peut nuancer la comparaison avec **un peu**, **beaucoup**, **bien**…

*Lyon est **beaucoup moins grande que** Paris mais les conditions de vie y sont **bien meilleures**.*

Je suis plus belle que Blanche-Neige !

Comparer des actions

Plus, **autant** et **moins** se placent après le verbe.

*Dans une grande ville, on sort **plus que** dans une petite ville.*

Dans une grande ville, on travaille	***plus***
	autant *que dans une petite ville.*
	moins

« Le même », « la même », « les mêmes »

Le même, **la même**, **les mêmes** expriment l'égalité. **Même** s'accorde en nombre avec le nom auquel il se rapporte. L'article qui le précède (**le** / **la** / **les**) dépend du nom auquel **même** se rapporte.

	MASCULIN SINGULIER	FÉMININ SINGULIER	PLURIEL
Cannes et Nice ont...	... **le même** climat.	... **la même** histoire.	**les mêmes** ressources économiques.

Le superlatif

Le superlatif est une forme de comparaison absolue de supériorité ou d'infériorité dans un ensemble donné.

*Paris est **la plus grande ville de** France.*
*Rochefourchat est **la** commune **la moins peuplée** de France.*

MASCULIN SINGULIER	FÉMININ SINGULIER	PLURIEL
le plus, le moins	la plus, la moins	les plus, les moins

L'adjectif **bon** devient **le meilleur, la meilleure, les meilleurs, les meilleures**.
L'adjectif **mauvais** devient **le pire, la pire, les pires**.

*Gérard Depardieu est **le meilleur acteur français de** sa génération.*
*Christine et Aïcha sont **les meilleures amies de** Sophie.*
*C'est **le pire* film de** l'année !*

* À l'oral, on dit souvent : **le plus mauvais, la plus mauvaise** et **les plus mauvais(e)(s)**.

*C'est **le plus mauvais film de** l'année !*

Miroir, miroir, qui est la plus belle ?

LE PRONOM RELATIF OÙ

Le pronom relatif **où** permet d'intégrer dans la phrase des informations complémentaires à propos d'un lieu.

*Bruxelles est une ville **où** il pleut beaucoup. (= Bruxelles a un climat pluvieux)*

*J'habite dans un quartier **où** il y a beaucoup de commerces.*
(J'habite dans un quartier très commerçant)

SITUER DANS L'ESPACE : Y

Y est un pronom qui fait référence à un lieu déjà mentionné et qui permet de ne pas répéter ce nom de lieu.

- *Vous habitez à Lyon ?*
- *Non, j'**y** travaille, je n'**y** habite pas. (à Lyon)*

Y se place normalement entre le sujet et le verbe conjugué.

- *C'est joli Strasbourg ?*
- *Oui, j'**y** habite depuis dix ans et j'adore ! (à Strasbourg)*

EXPRIMER DES OPINIONS

▶ Pour introduire une opinion, on utilise différentes expressions.

À mon avis, *Pour moi,* *Je pense que/qu'*	*il faut construire un parking au centre-ville.*

▶ Pour réagir aux opinions des autres, on peut montrer son accord ou son désaccord et apporter des arguments.

Je ne suis pas du tout d'accord avec toi !

Je (ne) suis (pas) d'accord avec	*ce que dit Marc.* *toi / lui / elle / vous / eux / elles.* *cela (ça).*

Oui, vous avez raison.
Oui, tu as raison.

Oui, bien sûr, mais *C'est vrai, mais* *Bon, mais*	*il faut aussi construire...*

▶ Pour reprendre et mettre en relief ce qui vient d'être dit, on utilise **ça**.

Ça,	*c'est une bonne idée !* *ce n'est pas vrai !* *c'est bien !*

ÊTRE EN TRAIN DE + INFINITIF

Être en train de + infinitif exprime une action en cours.

- *Où sont les enfants ?*
- ***Ils sont en train de jouer** dans leur chambre.*

À la forme négative :

Je ne suis pas en train de m'amuser.

VENIR DE + INFINITIF

Pour signifier qu'une action a eu lieu très récemment, on utilise **venir de** + infinitif.

- *Vite ! Le train est sur le point de partir.*
- *Trop tard ! **Il vient de partir.***

5 À QUOI ÇA SERT ?

DÉCRIRE UN OBJET

Pour décrire un objet, on peut parler de :

▶ **sa matière.**

Pour indiquer en quelle matière est fait un objet, on utilise la préposition **en**.

- *C'est quoi ?*
- *C'est un sac* **en** *plastique.*
  papier.
  tissu.
  cuir.

- *C'est une boîte* **en** *carton.*
  bois.
  porcelaine.
  fer.

▶ **sa taille et sa forme.**

C'est petit.
grand.
plat.
long.
rond.
carré.
rectangulaire.
triangulaire.

▶ **ses qualités.**

Ça se lave facilement.
C'est incassable.

▶ **son usage.**

- *À quoi ça sert ?*
- *Ça sert à*
  C'est utile pour │ *ouvrir une bouteille.*
  Ça permet d'

▶ **son fonctionnement.**

Ça marche avec de l'essence.   *Ça marche à l'essence.*
de la vapeur.   *au gaz.*
du gaz.   *à la vapeur.*
des piles.

C'est petit, c'est en fer, ça sert à...

LES VERBES PRONOMINAUX PASSIFS

Pour ne pas préciser qui fait l'action, on peut utiliser une forme pronominale.

Ça se lave *facilement / en machine.*   (= on peut laver ça facilement / en machine)
Ça se mange.   (= on peut manger ça)

Les verbes pronominaux passifs s'emploient également pour décrire un processus qui peut se faire sans l'intervention d'une personne.

- *C'est difficile à mettre en marche ?*
- *Non, **ça se met** en marche tout seul. Tu appuies sur ce bouton, c'est tout.*

- *Comment on appelle une porte qui **s'ouvre** toute seule ?*
- *Une porte automatique.*

LES PRONOMS RELATIFS **QUE ET QUI**

Que et **qui** sont des pronoms relatifs.

- *C'est quoi un baladeur ?*
- *C'est un petit appareil **qu'**on porte sur soi pour écouter de la musique.*

- *Qu'est-ce que tu veux pour ton anniversaire ?*
- *Je veux une voiture **qui** se transforme en robot intergalactique.*

▶ **Que**

Le pronom **que** représente une personne, un objet ou une idée. **Que** a la fonction de complément d'objet direct (COD). Il se place après le nom auquel il se rapporte.

*C'est un objet **que** vous portez dans votre sac ou dans votre poche et **que** vous devez éteindre en classe, au cinéma ou dans un avion.*

▶ **Qui**

Le pronom **qui** représente une personne, un objet ou une idée. **Qui** a la fonction de sujet. Il se place après le nom auquel il se rapporte.

*C'est un objet **qui** est rectangulaire, **qui** marche à l'électricité et **qui** sert à griller le pain.*

Contrairement à **que**, **qui** ne peut pas avoir d'apostrophe.

*C'est un petit objet **qui** nous permet d'écrire et **qu'**on peut mettre dans un sac.*

EXPRIMER LE BUT

▶ **Pour (ne pas)** + INFINITIF
Pour aller *plus vite, utilisez l'ascenseur !*

▶ **Pour ne plus** + INFINITIF
Pour ne plus penser *à vos problèmes, partez en vacances à la Réunion !*

EXPRIMER LA CAUSE

▶ **Grâce à** + nom exprime une cause considérée comme positive.

Grâce	**à** Internet, **à** la télévision, **à** l'ordinateur personnel, **au** téléphone, **aux** satellites	nous ne nous sentons jamais seuls !

▶ **À cause de** + nom exprime une cause considérée comme négative.

À cause	**d'**elle, **de** lui, **du** bruit, **de la** voisine, **des** travaux,	je n'ai pas réussi à dormir !

> Grâce à Internet, je ne suis pas obligée d'aller au bureau tous les jours !

LE FUTUR SIMPLE

Le futur sert à formuler des prévisions.

*Demain, **il fera** beau sur tout le pays.*
*Dans 30 ans, **nous marcherons** sur Mars.*
*Au siècle prochain, **tout le monde parlera** chinois.*
*Bientôt, **nous habiterons** sous la mer.*

Le futur sert aussi à faire une promesse.

*Demain, **je viendrai** te chercher à 16 heures 30.*
***Cet appareil vous facilitera** la vie.*

Il s'utilise pour demander un service.

***Tu pourras** acheter du pain, s'il te plaît ?*

Enfin, le futur sert aussi à donner un ordre ou une consigne.

***Vous prendrez** un cachet trois fois par jour après chaque repas.*

Formation du futur simple

Pour former le futur simple, on prend comme radical l'infinitif du verbe et on ajoute les terminaisons du futur :

MANGER	manger-	
ÉTUDIER	étudier-	-ai -as -a -ons -ez -ont
VOYAGER	voyager-	
SORTIR	sortir-	
DORMIR	dormir-	
FINIR	finir-	

▶ Verbes qui se terminent par **-re**.

Quand l'infinitif se termine par **-e**, celui-ci disparaît au radical du futur.

BOIRE	boir-	-ai
ÉCRIRE	écrir-	-as
		-a
PRENDRE	prendr-	-ons
		-ez
ENTENDRE	entendr-	-ont

▶ Les verbes en **-ever**, **-ener** ou **-eser**, qui ont un **e** muet à l'avant-dernière syllabe de l'infinitif, changent leur **e** muet par un **è** devant une syllabe muette.

je / j'		-ai
tu		-as
il / elle / on	ach**è**ter- p**è**ser- l**è**ver- m**è**ner-	-a
nous		-ons
vous		-ez
ils / elles		-ont

▶ Pour les verbes en **-eter** et **-eler**, la consonne est redoublée.

je / j'		-ai
tu		-as
il / elle / on	je**tt**er- appe**ll**er-	-a
nous		-ons
vous		-ez
ils / elles		-ont

▶ Les verbes en **-oyer**, **-uyer** : on remplace le **-y** par un **-i** devant un **e** muet.

je / j'		-ai
tu		-as
il / elle / on	netto**i**er- essu**i**er-	-a
nous		-ons
vous		-ez
ils / elles		-ont

▶ Les verbes irréguliers ont un radical très différent de celui de leur infinitif.

VERBES IRRÉGULIERS		
je / j' tu il / elle / on nous vous ils / elles	(être) ser- (avoir) aur- (faire) fer- (savoir) saur- (aller) ir- (devoir) devr- (pouvoir) pourr- (voir) verr- (envoyer) enverr- (mourir) mourr- (vouloir) voudr- (venir) viendr- (valoir) vaudr-	-ai -as -a -ons -ez -ont

VERBES IRRÉGULIERS IMPERSONNELS		
il	(falloir) faudr- (pleuvoir) pleuvr-	-a

SITUER UN FAIT DANS L'AVENIR

▶ pour préciser une période, une indication temporelle ou une date :

J'irai te voir
- *ce soir à 8 heures.*
- *demain (matin / midi / après-midi / soir).*
- *lundi prochain / la semaine prochaine / le mois prochain / l'année prochaine.*
- *dans deux jours / une semaine / quelques mois.*

▶ pour donner une indication temporelle approximative, on utilise : **bientôt**, **prochainement** et **un jour**.

Bientôt, il y aura des villes sous la mer.
En vente, prochainement, dans votre supermarché, « l'essuie-tout magique » !
Un jour je serai très riche et je partirai vivre sur une île.

6 VACANCES EN FRANÇAIS

LE PRÉSENT, LE PASSÉ COMPOSÉ ET LE FUTUR SIMPLE

Le présent

Le présent de l'indicatif peut indiquer :

▶ une situation présente

- *• **Il fait** froid ce matin !*

▶ une action en cours de réalisation

- *• Matéo, fais tes devoirs !*
- *○ Oh, maman, s'il te plaît, **je regarde** un film génial. Je ferai mes devoirs après.*

▶ une action habituelle dans le présent

- *• Est-ce que **tu travailles** le matin ?*
- *○ Oui, **je travaille** tous les jours de 8 h à 12 h.*

▶ la qualité ou l'état d'une chose ou d'une personne

* **C'est** une belle femme et **elle sait** très bien s'habiller.*

Le passé composé

Le passé composé indique une action qui s'est produite avant le moment où l'on parle. Le passé composé permet d'exprimer une expérience et de raconter une histoire.

- *• L'année dernière, avec Didier, **on est allés** en vacances à Madagascar.*
- *○ Madagascar ! Quelle chance !*

- *• Dimanche dernier, **j'ai fait** 50 kilomètres en VTT.*
- *○ Ouah, tu es en forme !*

Le futur simple

Le futur indique une action qui se passera après le moment où l'on parle. Le futur peut exprimer une prévision, une promesse ou un engagement ferme, un service.

- *• L'été prochain, **nous irons** sur la Côte d'Azur.*
- *○ La Côte d'Azur ! Super !*

- *• Le week-end prochain, **je viendrai** te voir.*
- *○ Parfait, **on mangera** dans le jardin.*

* **Tu pourras** acheter du pain, s'il te plaît ?*

Le futur peut également exprimer un ordre ou une consigne.

* **Vous prendrez** un cachet trois fois par jour après chaque repas.*

EXPRESSIONS TEMPORELLES

PASSÉ	PRÉSENT	FUTUR
hier	aujourd'hui	demain
hier matin	ce matin	demain matin
hier midi	ce midi	demain midi
hier après-midi	cet après-midi	demain après-midi
hier soir	ce soir	demain soir
avant-hier	–	après-demain
il y a deux jours	–	dans deux jours
le week-end dernier	ce week-end	le week-end prochain
la semaine dernière	cette semaine	la semaine prochaine
le mois dernier	ce mois-ci	le mois prochain
l'année dernière	cette année	l'année prochaine
il y a 50 ans		dans 50 ans

EXPRIMER UNE DIFFICULTÉ

▶ **Avoir du mal à** + infinitif

J'ai du mal à comprendre les films en version originale.

▶ **Ne pas arriver à** + infinitif

● *Est-ce que tu arrives à faire cet exercice ?*
○ *Non, je n'y arrive pas.*

EXPRIMER UN BESOIN : AVOIR BESOIN DE + INFINITIF / NOM

Pour progresser en français, j'ai besoin de faire beaucoup d'exercices d'expression orale.
Les maths sont difficiles et j'ai besoin de temps pour assimiler.

EXPRIMER UNE ENVIE : AVOIR ENVIE DE + INFINITIF / NOM

● *J'ai envie de visiter Paris : la tour Eiffel, le quartier latin...*
○ *Pour les vacances, nous avons envie de calme et de soleil. Nous irons en Corse, je crois.*

DÉCRIRE DES EFFORTS : ESSAYER DE + INFINITIF

● *Qu'est-ce que vous faites pour progresser en français ?*
○ *Moi, j'essaie de lire régulièrement en français mais c'est compliqué !*

LES PRONOMS COI

Les pronoms compléments d'objet indirect remplacent des noms de personnes précédés de la préposition **à**.

	à moi	à toi	à lui	à elle	à nous	à vous	à eux	à elles
COI	me / m'	te / t'	lui	lui	nous	vous	leur	leur

● *Tu parles toujours en français à ton fils ?*
○ *Oui, je lui parle toujours en français.*

Tableau de conjugaison

Les participes passés figurent entre parenthèses sous l'infinitif.
L'astérisque (*) à côté de l'infinitif indique que ce verbe se conjugue avec l'auxiliaire **être**.

VERBES AUXILIAIRES

AVOIR (eu)	présent de l'indicatif	impératif	passé composé	futur simple	
	j'ai tu as il / elle / on a nous avons vous avez ils / elles ont	aie ayons ayez	j'ai eu tu as eu il / elle / on a eu nous avons eu vous avez eu ils / elles ont eu	j'aurai tu auras il / elle / on aura nous aurons vous aurez ils / elles auront	*Avoir* indique la possession. C'est aussi le principal verbe auxiliaire aux temps composés : *j'ai parlé, j'ai été, j'ai fait...*

ÊTRE (été)	présent de l'indicatif	impératif	passé composé	futur simple	
	je suis tu es il / elle / on est nous sommes vous êtes ils / elles sont	sois soyons soyez	j'ai été tu as été il / elle / on a été nous avons été vous avez été ils / elles ont été	je serai tu seras il / elle / on sera nous serons vous serez ils / elles seront	*Être* est aussi un verbe auxiliaire aux temps composés avec tous les verbes pronominaux : *se lever, s'appeler*, etc. et certains autres verbes : *venir, arriver, partir*, etc.

VERBES SEMI-AUXILIAIRES

ALLER* (allé)	présent de l'indicatif	impératif	passé composé	futur simple	
	je vais tu vas il / elle / on va nous allons vous allez ils / elles vont	va allons allez	je suis allé(e) tu es allé(e) il / elle / on est allé(e)(s) nous sommes allé(e)s vous êtes allé(e)(s) ils / elles sont allé(e)s	j'irai tu iras il / elle / on ira nous irons vous irez ils / elles iront	Dans sa fonction de semi-auxiliaire, **aller** au présent de l'indicatif + infinitif permet d'exprimer un futur proche.

VENIR* (venu)	présent de l'indicatif	impératif	passé composé	futur simple	
	je viens tu viens il / elle / on vient nous venons vous venez ils / elles viennent	viens venons venez	je suis venu(e) tu es venu(e) il / elle / on est venu(e)(s) nous sommes venu(e)s vous êtes venu(e)(s) ils / elles sont venu(e)s	je viendrai tu viendras il / elle / on viendra nous viendrons vous viendrez ils / elles viendront	Dans sa fonction de semi-auxiliaire, **venir** au présent de l'indicatif + de + infinitif permet d'exprimer un passé récent.

VERBES RÉFLEXIFS (OU PRONOMINAUX)

S'APPELER* (appelé)	présent de l'indicatif	impératif	passé composé	futur simple	
	je m'appelle tu t'appelles il / elle / on s'appelle nous nous appelons vous vous appelez ils / elles s'appellent	— — — —	je me suis appelé(e) tu t'es appelé(e) il / elle / on s'est appelé(e)(s) nous nous sommes appelé(e)s vous vous êtes appelé(e)(s) ils / elles se sont appelé(e)s	je m'appellerai tu t'appelleras il / elle / on s'appellera nous nous appellerons vous vous appellerez ils / elles s'appelleront	La plupart des verbes en *-eler* doublent leur *l* aux mêmes personnes et aux mêmes temps que *s'appeler*. L'impératif de *s'appeler* est inusité.

VERBES EN *-ER* (1er GROUPE)

PARLER (parlé)	présent de l'indicatif	impératif	passé composé	futur simple	Les trois personnes du singulier et la 3e personne du pluriel se prononcent [paʀl] au présent de l'indicatif. Cette règle s'applique à tous les verbes en *-er* : *aimer*, *jouer*, etc. **Aller** est le seul verbe en **-er** qui ne suit pas ce modèle.
	je parle tu parles il / elle / on parle nous parlons vous parlez ils / elles parlent	parle parlons parlez	j'ai parlé tu as parlé il / elle / on a parlé nous avons parlé vous avez parlé ils / elles ont parlé	je parlerai tu parleras il / elle / on parlera nous parlerons vous parlerez ils / elles parleront	

Formes particulières de certains verbes en *-er*

ACHETER (acheté)	présent de l'indicatif	impératif	passé composé	futur simple	Au présent de l'indicatif, les trois personnes du singulier et la 3e personne du pluriel portent un accent grave (`) sur le **e** et se prononcent [ɛ]. La 1re et la 2e personne du pluriel sont sans accents et se prononcent [ə].
	j'achète tu achètes il / elle / on achète nous achetons vous achetez ils / elles achètent	achète achetons achetez	j'ai acheté tu as acheté il / elle / on a acheté nous avons acheté vous avez acheté ils / elles ont acheté	j'achèterai tu achèteras il / elle / on achètera nous achèterons vous achèterez ils / elles achèteront	

MANGER (mangé)	présent de l'indicatif	impératif	passé composé	futur simple	Devant **a** et **o**, on place un **e** pour maintenir la prononciation [ʒ] dans tous les verbes en *-ger*.
	je mange tu manges il / elle / on mange nous mangeons vous mangez ils / elles mangent	mange mangeons mangez	j'ai mangé tu as mangé il / elle / on a mangé nous avons mangé vous avez mangé ils / elles ont mangé	je mangerai tu mangeras il / elle / on mangera nous mangerons vous mangerez ils / elles mangeront	

PAYER (payé)	présent de l'indicatif	impératif	passé composé	futur simple	
	je paie / paye tu paies / payes il / elle / on paie / paye nous payons vous payez ils / elles paient / payent	paie / paye payons payez	j'ai payé tu as payé il / elle / on a payé nous avons payé vous avez payé ils / elles ont payé	je paierai / payerai tu paieras / payeras il / elle / on paiera / payera nous paierons /payerons vous paierez / payerez ils / elles paieront / payeront	

PRÉFÉRER (préféré)	présent de l'indicatif	impératif	passé composé	futur simple	Au présent de l'indicatif, les trois personnes du singulier et la 3e personne du pluriel se prononcent [–e–ɛ–] ; la 1re et la 2e du pluriel [–e–e–].
	je préfère tu préfères il / elle / on préfère nous préférons vous préférez ils / elles préfèrent	préfère préférons préférez	j'ai préféré tu as préféré il / elle / on a préféré nous avons préféré vous avez préféré ils / elles ont préféré	je préférerai tu préféreras il / elle / on préférera nous préférerons vous préférerez ils / elles préféreront	

Tableau de conjugaison

AUTRES VERBES (2e et 3e GROUPES)

BOIRE (bu)	présent de l'indicatif	impératif	passé composé	futur simple	
	je bois		j'ai bu	je boirai	
	tu bois	bois	tu as bu	tu boiras	
	il / elle / on boit		il / elle / on a bu	il / elle / on boira	
	nous buvons	buvons	nous avons bu	nous boirons	
	vous buvez	buvez	vous avez bu	vous boirez	
	ils / elles boivent		ils / elles ont bu	ils / elles boiront	

CHOISIR (choisi)	présent de l'indicatif	impératif	passé composé	futur simple	
	je choisis		j'ai choisi	je choisirai	*Les verbes **finir**, **grandir**, **maigrir**... se conjuguent sur ce modèle.*
	tu choisis	choisis	tu as choisi	tu choisiras	
	il / elle / on choisit		il / elle / on a choisi	il / elle / on choisira	
	nous choisissons	choisissons	nous avons choisi	nous choisirons	
	vous choisissez	choisissez	vous avez choisi	vous choisirez	
	ils / elles choisissent		ils / elles ont choisi	ils / elles choisiront	

CONNAÎTRE (connu)	présent de l'indicatif	impératif	passé composé	futur simple	
	je connais		j'ai connu	je connaîtrai	*Tous les verbes en **-aître** se conjuguent sur ce modèle.*
	tu connais	connais	tu as connu	tu connaîtras	
	il / elle / on connaît		il / elle / on a connu	il / elle / on connaîtra	
	nous connaissons	connaissons	nous avons connu	nous connaîtrons	
	vous connaissez	connaissez	vous avez connu	vous connaîtrez	
	ils / elles connaissent		ils / elles ont connu	ils / elles connaîtront	

CROIRE (cru)	présent de l'indicatif	impératif	passé composé	futur simple	
	je crois		j'ai cru	je croirai	
	tu crois	crois	tu as cru	tu croiras	
	il / elle / on croit		il / elle / on a cru	il / elle / on croira	
	nous croyons	croyons	nous avons cru	nous croirons	
	vous croyez	croyez	vous avez cru	vous croirez	
	ils / elles croient		ils / elles ont cru	ils / elles croiront	

DEVOIR (dû)	présent de l'indicatif	impératif	passé composé	futur simple	
	je dois		j'ai dû	je devrai	*L'impératif de **devoir** est inusité.*
	tu dois	—	tu as dû	tu devras	
	il / elle / on doit		il / elle / on a dû	il / elle / on devra	
	nous devons	—	nous avons dû	nous devrons	
	vous devez	—	vous avez dû	vous devrez	
	ils / elles doivent		ils / elles ont dû	ils / elles devront	

DIRE (dit)	présent de l'indicatif	impératif	passé composé	futur simple	
	je dis		j'ai dit	je dirai	
	tu dis	dis	tu as dit	tu diras	
	il / elle / on dit		il / elle / on a dit	il / elle / on dira	
	nous disons	disons	nous avons dit	nous dirons	
	vous dites	dites	vous avez dit	vous direz	
	ils / elles disent		ils / elles ont dit	ils / elles diront	

FAIRE (fait)	présent de l'indicatif	impératif	passé composé	futur simple	La forme -ai dans nous faisons se prononce [ə].
	je fais tu fais il / elle / on fait nous faisons vous faites ils / elles font	fais faisons faites	j'ai fait tu as fait il / elle / on a fait nous avons fait vous avez fait ils / elles ont fait	je ferai tu feras il / elle / on fera nous ferons vous ferez ils / elles feront	

OFFRIR (offert)	présent de l'indicatif	impératif	passé composé	futur simple	Les verbes couvrir, découvrir, ouvrir... se conjuguent sur ce modèle.
	j'offre tu offres il / elle / on offre nous offrons vous offrez ils / elles offrent	offre offrons offrez	j'ai offert tu as offert il / elle / on a offert nous avons offert vous avez offert ils / elles ont offert	j'offrirai tu offriras il / elle / on offrira nous offrirons vous offrirez ils / elles offriront	

POUVOIR (pu)	présent de l'indicatif	impératif	passé composé	futur simple	Pouvoir n'a pas d'impératif. Dans les questions avec inversion verbe-sujet, on utilise la forme ancienne de la 1re personne du singulier : Puis-je vous renseigner ?
	je peux tu peux il / elle / on peut nous pouvons vous pouvez ils / elles peuvent	— — —	j'ai pu tu as pu il / elle / on a pu nous avons pu vous avez pu ils / elles ont pu	je pourrai tu pourras il / elle / on pourra nous pourrons vous pourrez ils / elles pourront	

SAVOIR (su)	présent de l'indicatif	impératif	passé composé	futur simple	
	je sais tu sais il / elle / on sait nous savons vous savez ils / elles savent	sache sachons sachez	j'ai su tu as su il / elle / on a su nous avons su vous avez su ils / elles ont su	je saurai tu sauras il / elle / on saura nous saurons vous saurez ils / elles sauront	

VOIR (vu)	présent de l'indicatif	impératif	passé composé	futur simple	
	je vois tu vois il / elle / on voit nous voyons vous voyez ils / elles voient	vois voyons voyez	j'ai vu tu as vu il / elle / on a vu nous avons vu vous avez vu ils / elles ont vu	je verrai tu verras il / elle / on verra nous verrons vous verrez ils / elles verront	

VOULOIR (voulu)	présent de l'indicatif	impératif	passé composé	futur simple	Les formes à l'impératif sont peu usitées. On les trouve souvent dans des expressions : Veuillez trouver ci-joint (dans une lettre ou un courriel).
	je veux tu veux il / elle / on veut nous voulons vous voulez ils / elles veulent	— — veuillez	j'ai voulu tu as voulu il / elle / on a voulu nous avons voulu vous avez voulu ils / elles ont voulu	je voudrai tu voudras il / elle / on voudra nous voudrons vous voudrez ils / elles voudront	

Index

NOUVEAU
ROND-POINT
PAS À PAS A2

CAHIER D'ACTIVITÉS

Catherine Flumian
Josiane Labascoule
Marie-Laure Lions-Oliviéri
Corinne Royer
Philippe Liria
María Rita Rodríguez

SOMMAIRE

1. HABITUDES

Observez la liste suivante. D'après vous, quelles sont les habitudes de cet homme ? N'oubliez pas de conjuguer les verbes.

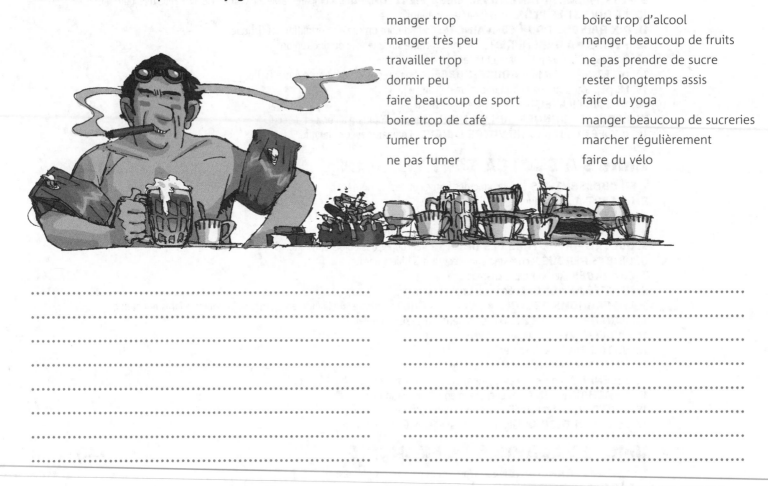

manger trop	boire trop d'alcool
manger très peu	manger beaucoup de fruits
travailler trop	ne pas prendre de sucre
dormir peu	rester longtemps assis
faire beaucoup de sport	faire du yoga
boire trop de café	manger beaucoup de sucreries
fumer trop	marcher régulièrement
ne pas fumer	faire du vélo

....

....

....

....

....

....

....

2. NOUS SOMMES TOUS DIFFÉRENTS

Complétez les phrases avec les verbes qui conviennent.

1. Moi, je ne fume pas, mais mes frères .... beaucoup.

2. Mon père ne .... pas de poisson, mais ma mère et moi en .... trois fois par semaine.

3. Chez moi, personne ne .... d'alcool.

4. Ma mère me dit toujours : « Tu .... trop de sucreries », mais parfois elle en .... aussi.

5. Papa .... 35 heures par semaine.

6. Mes frères et moi, nous .... du vélo le week-end.

7. Ma mère .... du yoga et mon père au tennis. Ils .... beaucoup de sport, mes parents.

3. DE LA TÊTE AUX PIEDS

Vous souvenez-vous de toutes les parties du corps ? Pour vous aider, vous pouvez regarder les textes des pages 72 et 73 du *Livre de l'élève*.

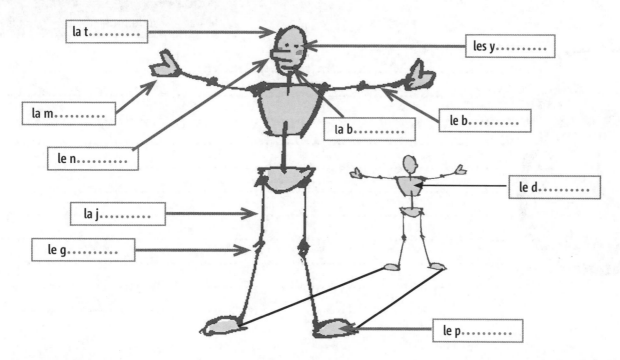

la t..........

les y..........

la m..........

le b..........

la b..........

le n..........

le d..........

la j..........

le g..........

le p..........

4. LE PRÉSENT

Associez chaque activité de cette liste à des personnes de la classe ou de votre famille et conjuguez le verbe.

1. voyager souvent en avion : *Ma mère voyage souvent en avion.*

2. ne jamais manger de viande : ....

3. jouer au football de temps en temps : ....

4. parler deux langues ou plus : ....

5. faire du vélo tous les week-ends : ....

6. lire tous les soirs avant de dormir : ....

7. aller plusieurs fois au cinéma dans la semaine : ....

8. se doucher toujours avant de se coucher : ....

5. LA FORME NÉGATIVE

Mettez les phrases suivantes à la forme négative.
Faites attention aux partitifs.

1. Elle fait du sport tous les jours.   *Elle ne fait jamais de sport.*

2. Cours !   .... !

3. Chloé mange souvent du poisson.   .... jamais ....

4. Mange devant la télévision !   .... !

5. Fais du sport !   .... !

6. Mange des graisses !   .... !

7. Venez !   .... !

8. Prends du café !   .... !

6. SE LEVER, SE COUCHER...

Expliquez ce que vous faites avant de sortir de la maison le matin. Utilisez les verbes de l'encadré :

se réveiller / éteindre le radio-réveil / se lever / se doucher / se peigner / se laver les dents / prendre son petit-déjeuner / s'habiller

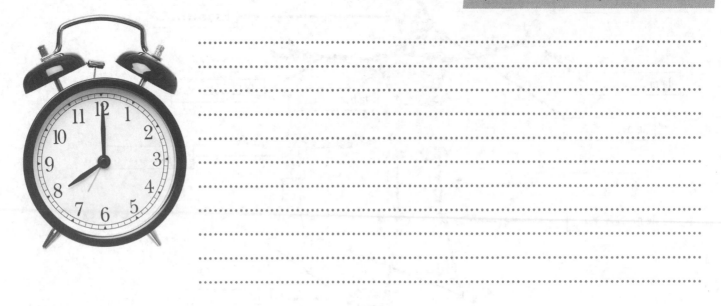

....

....

....

....

....

....

....

....

7. CORPS ET SPORT

A. Identifiez les parties du corps représentées par les dessins suivants. Puis associez les activités aux parties du corps pour lesquelles ces sports sont positifs.

B. Écrivez une phrase pour chaque association.

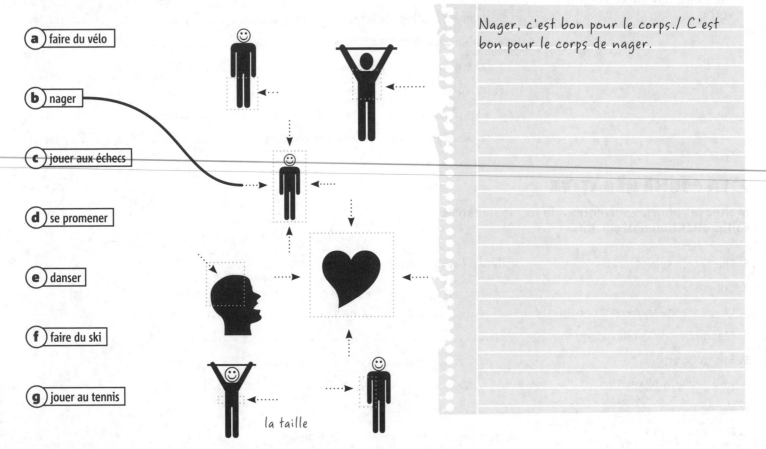

- **a** faire du vélo
- **b** nager
- **c** jouer aux échecs
- **d** se promener
- **e** danser
- **f** faire du ski
- **g** jouer au tennis

la taille

Nager, c'est bon pour le corps./ C'est bon pour le corps de nager.

8. DONNER DES CONSEILS

Complétez les phrases avec un des éléments ci-dessous et terminez-les en donnant votre propre avis.

> il faut… / vous devez… / il est nécessaire de… / il est important de…

Si vous voulez apprendre le français, *vous devez aller au cours de français.*

1. Si vous voulez bien manger, ...

2. Pour avoir de bons amis, ...

3. Si vous voulez gagner beaucoup d'argent, ...

4. Pour obtenir un bon emploi, ...

5. Pour être heureux, ...

6. Pour ne pas avoir de problèmes avec ses parents, ...

7. Pour réussir aux examens, ...

8. Pour être en pleine forme, ...

9. Si vous voulez contrôler votre poids, ...

10. Pour passer de bonnes vacances, ...

9. L'IMPÉRATIF

Imaginez que vous êtes le ou la responsable de la rubrique « Courrier des lecteurs » d'un magazine. Donnez un conseil à chacun de vos lecteurs en utilisant le mode impératif.

Ces derniers temps, je me trouve très gros.

Essayez de manger moins de graisses.

1. Je suis terriblement stressé ; je ne dors pas bien.

....

....

2. J'ai besoin d'un ordinateur mais je n'ai pas d'argent pour en acheter un.

....

....

3. Ma belle-mère est veuve et elle vit chez nous. Je n'ai pas de vie privée !

....

....

4. Je veux apprendre le français mais, pour l'instant, je ne peux pas aller en France.

....

....

5. Je passe toute la journée assise et j'ai très mal au dos.

....

....

6. Je veux arrêter de fumer mais je ne sais pas comment.

....

....

10. PEU DE OU TROP ?

Lisez ces présentations, puis complétez les phrases avec : **peu (de)**,
assez (de), **beaucoup (de)**, **trop (de)**, **pas assez (de)**.

PAULA

Elle va au club de sports avec deux amies tous les matins avant son travail et après le travail ; elle fait du footing trois fois par semaine avec Pierre, son copain. Le matin, elle prend un thé et des fruits. Le midi, elle mange un petit sandwich et, le soir, elle mange une salade ou une soupe. Tous les soirs, après dîner, elle retrouve ses copains au bistrot du quartier. Avant de se coucher, elle ne lit pas souvent parce qu'elle s'endort toujours très vite.

DAVID

Il passe toute sa journée au travail, il n'a donc pas de temps pour ses loisirs. Mais, grâce à sa profession, il rencontre très souvent des acteurs et des chanteurs dans des festivals internationaux. Comme il voyage toute la semaine, il n'a pas le temps de surveiller son alimentation. Le week-end, il n'aime pas rentrer dans sa grande maison près de Lyon (500 m² !) où il habite tout seul. Parfois, il sort avec son seul ami, Pierre. C'est un homme stressé et ses nuits sont courtes.

1. Il travaille .... heures par jour.

2. Il n'a .... temps libre.

3. Il connaît .... gens importants.

4. Il voyage .... à l'étranger.

5. Il a une maison .... grande pour lui.

6. Il ne dort ....

7. Il a .... amis.

8. Elle fait .... sport.

9. Elle ne mange ....

1o. Elle a .... amis et de copains.

11. TERMINAISONS VERBALES

Piste 16

Écoutez les verbes **dormir** et **boire** au présent et dites quelles sont les différences entre les différentes personnes de chaque verbe.

12. LES TROIS PREMIÈRES PERSONNES

A. À vous maintenant de conjuguer oralement aux trois premières personnes du présent les verbes suivants : **danser, venir, terminer, prendre** et **sortir.**

	danser	venir	terminer	prendre	sortir
je					
tu					
il / elle					

B. Enregistrez vos réponses. Donnez ou envoyez le fichier à votre professeur.

13. À DEUX BASES, À TROIS BASES

Piste 16

Comme vous l'avez étudié dans le *Livre de l'élève* page 74, les verbes se conjuguent en fonction de leurs bases. Par exemple, **dormir** est un verbe à deux bases et **boire**, à trois bases. Réécoutez l'enregistrement et complétez le tableau.

	dormir (2 bases)	**boire** (3 bases)
je, tu, il / elle / on	dor	
nous, vous		
ils / elles		

14. SINGULIER OU PLURIEL ?

A. Écrivez la 1re personne du singulier et la 1re personne du pluriel des verbes suivants : **préférer**, **s'appeler**, **rappeler** et **envoyer**. Ensuite, enregistrez vos réponses.

	je / j'	**nous**
préférer		
s'appeler		
rappeler		
envoyer		

Piste 17

B. Maintenant comparez vos réponses à l'enregistrement.

15. QUE FONT-ILS ?

Piste 18

A. Écoutez bien ces phrases, notez les verbes et donnez leur infinitif.

	Verbes	**Infinitifs**
1		
2		
3		

B. Enregistrez les verbes conjugués de l'activité **A** et envoyez le fichier à votre professeur.

16. LES SONS [gʀ] /[kʀ] / [tʀ]

Piste 19

A. Écoutez et classez dans le tableau ci-dessous les mots en fonction du son que vous entendez.

B. Connaissez-vous d'autres mots contenant ces sons ? Notez-les dans le tableau ci-dessous.

[gr]	[kr]	[tr]

[gr]	[kr]	[tr]

C. Demandez à un(e) camarade de prononcer ces mots; prononcez-les à votre tour. Enregistrez-les et envoyez le fichier à votre professeur.

Piste 20

D. Maintenant écoutez et complétez le texte.

Aujourd'hui, le .... marché a lieu sur la place de la mairie.

Tous les .... marchands sont là. Ils ....

d'abord au café pour boire quelque chose de .... chaud,

car il fait vraiment .... froid. Trois .... eux

ressortent pour .... leur stand : ils vendent

des ...., des .... et des

....

17. VIRELANGUES

Piste 21

Écoutez et répétez les textes ci-dessous, puis sans les regarder, dites-les le plus vite possible !

1
Gros gras grain d'orge,
quand te dégrogragraindorgeras-tu ?
Je me dégrogragraindorgerai,
quand tous les gros gras grains d'orge
se dégrogragraindorgeront.

2
TROIS TRISTES TIGRES ET
TRENTE TRUITES TRILINGUES
TROTTENT SUR LE TROTTOIR.

3
Que le criquet croque,
Que la cruche craque,
Que le crapaud crapote.

antisèche

Si vous avez du mal à prononcer les deux lettres ensemble, exercez-vous à prononcer la première (**g** / **c** / **t**) puis, ajouter la seconde. Vous pouvez aussi demander à votre professeur quel est le mot que vous prononcez le mieux pour vous en servir comme modèle.

18. COMPRENDRE LE MESSAGE

Dans l'unité 7, il y a beaucoup de mots nouveaux. Cherchez cinq mots que vous considérez importants et faites une phrase avec chacun d'eux pour mieux les mémoriser.

Mots nouveaux	Phrases

19. ÉTONNANT !

A. Les Français emploient certaines expressions étonnantes : recherchez ce qu'elles veulent dire et traduisez-les dans votre langue.

> **vos stratégies** ⊗
>
> Le contexte (sujet, mots connus...) nous aide à comprendre le sens de beaucoup de mots et d'expressions. La ressemblance avec des mots d'autres langues que nous connaissons peut aussi nous aider.

1. J'ai mal au cœur.
2. Il a les yeux plus gros que le ventre.
3. Elle a l'estomac dans les talons.
4. Je prends mes jambes à mon cou.
5. Pierre a les dents longues.
6. Veux-tu un coup de main ?

B. Dans ma langue :

1. ....
2. ....
3. ....
4. ....
5. ....
6. ....

2 À CHACUN SON MÉTIER

1. LEUR VIE PROFESSIONNELLE

Pensez à trois personnes de votre entourage (famille, amis, connaissances, voisins...) qui, selon vous, sont de bons professionnels. Décrivez et évaluez leur vie professionnelle avec les aspects positifs et négatifs de celle-ci, comme dans l'exemple.

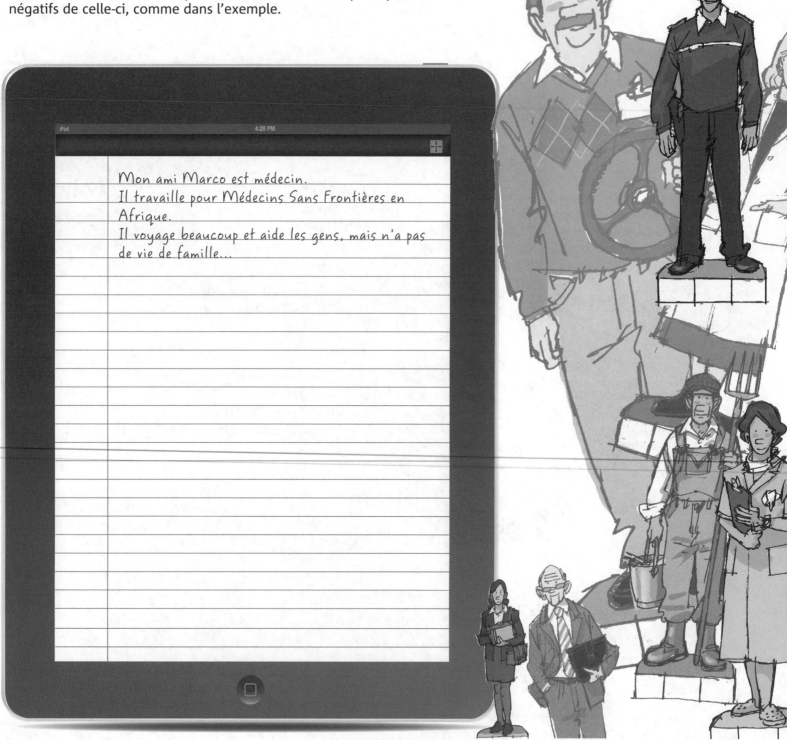

iPad   4:20 PM

Mon ami Marco est médecin.
Il travaille pour Médecins Sans Frontières en Afrique.
Il voyage beaucoup et aide les gens, mais n'a pas de vie de famille...

2. LE CV DE SOPHIE

Voici le CV de Sophie. Lisez-le attentivement et relevez tous les éléments sur ses expériences et ses compétences.

Sophie Ducoin

26 ans (Tours, France)

ÉTUDES

- ◆ **2002** Baccalauréat, Lycée Marie Curie, Toulouse
- ◆ **2005** Licence de russe, Université de Moscou
- ◆ **2007** Mastère « La Perestroïka », Université de Columbia, New York, États-Unis

EXPÉRIENCES PROFESSIONNELLES

- ◆ **2007-2009** Secrétaire dans une entreprise franco-russe à Strasbourg
- ◆ **2010** Professeur de russe (École de langues Matriochka, Paris)

LANGUES

- ◆ **Russe :** parlé et écrit couramment (niveau C1) (séjour de deux ans à Moscou, entre 2003 et 2005)
- ◆ **Anglais :** écrit et parlé (niveau B2)

EXPÉRIENCES

Sophie a passé deux ans à Moscou.

COMPÉTENCES

Sophie parle couramment le russe.

3. LE PARTICIPE PASSÉ

Vous rappelez-vous la formation du participe passé ? Remplissez la colonne de droite comme dans l'exemple.

Infinitif	Participe passé
étudier	étudié
parler	
aller	
dormir	
naître	
partir	
vivre	

Infinitif	Participe passé
prendre	
rester	
finir	
lire	
peindre	
comprendre	
se marier	

4. CE QUE JE SAIS FAIRE...

A. Est-ce que vous savez faire ces choses-là ? Complétez d'abord le tableau et écrivez ensuite trois phrases.

	Très bien	Bien	Un peu	Je ne sais pas
cuisiner				
danser				
patiner				
jouer au tennis				
nager				
skier				
chanter				
faire des gâteaux				
écouter les autres				
parler en public				
mentir				
parler français				
dessiner				
écrire				
raconter des blagues				

Je sais bien dessiner.

....

....

....

B. Parmi les choses que vous ne savez pas faire, quelles sont celles que vous voulez apprendre ? Pourquoi ?

Je veux apprendre à chanter.

....

....

C. Et eux / elles ? Qu'est-ce qu'ils / elles savent faire ?

• Les femmes au foyer ....

• Les pop stars ....

• Les avocats ....

• Les professeurs de français ....

• Les médecins ....

• Les policiers ....

5. ILS SONT CÉLÈBRES

A. Associez une personne célèbre de la première colonne à un verbe de la deuxième et à un objet, un fait ou une oeuvre de la troisième.

Personne	Verbe	Objet / Fait / Œuvre
Hergé	marcher	cinq fois le Tour de France.
Spielberg	créer	contre l'injustice.
Zidane	découvrir	dans plusieurs équipes de football.
Marie Curie	écrire	*E.T.*
Angelina Jolie	gagner	la radioactivité.
Van Gogh	interpréter	Lara Croft dans *Tomb Raider*.
Neil Amstrong	jouer	le personnage de Tintin.
Gandhi	peindre	*Les Tournesols*.
Lance Amstrong	réaliser	sur la Lune.
J.K Rowling	se battre	*Harry Potter à l'école des sorciers*.

B. Maintenant, faites des phrases au passé composé.

1. Hergé a créé le personnage de Tintin.

2. ....

3. ....

4. ....

5. ....

6. ....

7. ....

8. ....

9. ....

10. ....

6. DÉJÀ OU PAS ENCORE ?

Voici certains acquis et quelques aspirations de toute l'humanité. Complétez les phrases suivantes en utilisant **déjà** ou **pas encore**.

1. Les médecins n'ont .... trouvé la manière de guérir le sida.

2. Les astronautes n'ont .... marché sur la planète Mars. Mais, par contre, ils ont .... mis le pied sur la Lune.

3. Jusqu'à présent, on n'a .... découvert l'Atlantide.

4. Malgré les efforts des scientifiques, on n'a .... trouvé la preuve d'une vie extraterrestre.

5. Les pyramides d'Égypte n'ont .... révélé tous leurs secrets.

6. On a .... réussi à cloner des animaux, mais on n'a .... cloné d'êtres humains.

7. ÊTRE OU AVOIR ?

A. Voici une série de verbes. Placez les verbes qui se conjuguent avec **avoir** et les verbes qui se conjuguent avec **être** dans le sac correspondant.

AVOIR

manger, ...

....

....

....

....

ÊTRE

aller, ...

....

....

....

....

naître / mourir / courir
aller / venir / rester
marcher / voyager
partir / arriver
entrer / sortir
voir / dormir
connaître / devoir
jouer / manger
étudier / faire
monter / travailler
passer / tomber
se lever / se réveiller
se coucher / s'endormir
descendre

B. Maintenant, écrivez quatre phrases au passé composé avec les verbes **marcher**, **se coucher**, **étudier** et **aller**.

....

....

....

....

8. À, EN, DANS...

Soulignez la préposition qui convient dans chaque cas.

○ Tu sais où vous allez en vacances cet été ?

● Pas encore, j'aimerais partir **au / en / à** Inde.

○ C'est loin ! Marco est d'accord ?

● Pas vraiment. Il veut voyager **pour / à la/ en** Espagne. On n'a pas encore décidé. Et toi, finalement, tu pars **à / en / au** Cuba ou tu restes **en / à l' / dans l'** Europe ?

○ Ni l'un ni l'autre ! J'ai changé d'avis et je prépare un voyage **en / dans le / au** Maroc.

● C'est génial ! Tu vas **en / à / dans** Casablanca ?

○ Non, je vais faire un circuit pour visiter tout le pays. Et tu sais où Patrick part en vacances ? **Au / En / Aux** États-Unis ?

● Pas seulement ! Je crois qu'il va **en / au / à l'** Uruguay puis **en / à l' / au** Argentine avec sa nouvelle copine. Ses parents habitent **en / à / dans** Montevideo.

○ Enfin, vivement les vacances !

9. BIOGRAPHIES

Vous avez fait un quiz dans le *Livre de l'élève*, page 84. Pouvez-vous écrire à présent, à l'aide de documents ou d'Internet, une courte biographie au passé composé de ces trois célébrités françaises ? Vous devez absolument intégrer les verbes suivants dans vos textes : **naître, mourir, devenir, aller.**

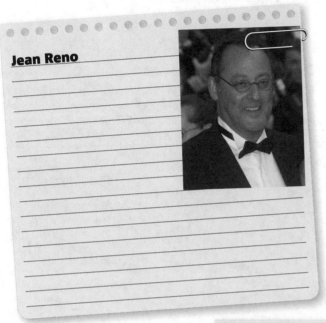

Jean Reno

Victor Hugo

Claude Monet

10. BIEN, MAL, JAMAIS

Piste 22

A. Comme dans le document audio, demandez à un(e) camarade ce qu'il a déjà **bien / mal / jamais** fait.

B. Maintenant répondez à ces questions.

Moi, j'ai mal... / Je suis bien...

C. Enregistrez les réponses de votre camarade et les vôtres, puis envoyez le fichier à votre professeur. N'oubliez pas de dire vos noms comme dans le document audio !

11. PRÉSENT OU PASSÉ COMPOSÉ ?

Piste 23 Qu'est-ce que vous entendez ? Présent ou passé composé ? Cochez la case correspondante, puis essayez d'écrire la phrase.

	Présent	Passé composé	Phrase
1			
2			
3			
4			
5			
6			
7			
8			
9			
10			
11			
12			

12. PHONÉTIQUE DU GENRE

Piste 24 **A.** Écoutez puis cochez la case correspondante pour indiquer si les adjectifs que vous entendez sont féminins, masculins ou si l'on ne sait pas.

	Masculin	Féminin	On ne sait pas
1			
2			
3			
4			
5			

B. Vous allez entendre six phrases qui contiennent les adjectifs suivants. Déterminez, **Piste 25** par la prononciation ou le contexte, s'ils sont au masculin ou au féminin.

	Masculin	Adjectif	Féminin
1		organisé / organisée	
2		sociable	
3		allemand / allemande	
4		patient / patiente	
5		doué / douée	
6		aimable	
7		fantastique	

13. COMPRENDRE UN TEXTE

A. Regardez ces documents, mais ne les lisez pas. Savez-vous lequel de ces trois textes est une offre d'emploi, lequel est une annonce immobilière et lequel est des données statistiques ?

MERCURE BRETAGNE PAYS DE LOIRE
BASSE NORMANDIE- 35740 PACE
✆ : 02 99 85 25 00   Fax : 02 99 85 25 98

AU CŒUR DE LA LOIRE ATLANTIQUE, grand Château XVème remanié XVIIIème, sur 800 m² habitables en 20 pièces principales, sur trois niveaux. Grandes pièces de réception avec boiseries murales, parquet, cheminées, une vingtaine de chambres, bureau, grande salle de jeux. Vastes dépendances: divers bâtiments sur 500 m², Maison de gardien, grange et chapelle. Beau parc de 40 hectares avec prairies et forêt. Ref.BLN313. Nous consulter.

ATIS REAL Auguste-Thouard

ATIS Real premier groupe européen de services immobiliers aux entreprises (Royaume Uni, Allemagne, Espagne, Belgique et France) : 1700 personnes, 300 M d'euros... Nous sommes reconnus pour la qualité de notre offre et pour nos solutions pertinentes en matière de transaction, de gestion, d'expertise et de conseil. Notre entité, ATIS Auguste-Thouard, est le leader en France sur le marché de la transaction en immobilier d'entreprise et s'appuie sur une excellente couverture nationale (Ile de France et 18 régions). Afin d'accompagner notre développement, nous recherchons un :

Directeur Marketing Opérationnel   h/f

Immobilier d'Entreprise   Levallois (92)

Rattaché au Directeur Marketing Communication, vous managez l'équipe "Marketing Opérationnel". Vous participez à des appels d'offres de propriétaires souhaitant promouvoir et commercialiser leurs biens (bureaux, locaux d'activités et commerces) en leur proposant des plans marketing adaptés. Vous soutenez nos équipes commerciales en créant des opérations complètes et personnalisées de marketing direct : ciblage, création graphique, mailing, phoning, rapport de commercialisation...
Votre rapide compréhension des marchés vous permet d'être un acteur déterminant dans la conquête et la fidélisation des clients et dans la réussite des projets. Vous coordonnez les actions de marketing opérationnel sur l'ensemble de la France.

A 30/35 ans environ, vous êtes de formation supérieure (ESC ou équivalent). Vous bénéficiez d'une expérience confirmée de Marketing Opérationnel dans une activité B to B. Votre anglais est opérationnel. Vous alliez rigueur et imagination et vous savez en particulier définir des priorités. Dynamique et pragmatique, vous mobilisez les talents et la créativité de votre équipe autour d'objectifs clairs : la qualité du service et la satisfaction des clients. Vous bénéficierez d'un environnement de travail de haut niveau favorisant l'épanouissement personnel.

PREMIERE ligne

Pour un entretien avec la société, merci d'adresser lettre, CV et photo sous la référence B4300 à notre Conseil : **PREMIERE LIGNE** - 54, Avenue du Général Leclerc 92513 BOULOGNE Cedex.
Fax : 01 46 05 00 34 - E-mail : premiere.ligne@wanadoo.fr

MÉTÉO

Précipitations extrêmes

Depuis le 22 septembre 1992, après que l'Ouvèze en crue eut emporté le pont antique de Vaison-la-Romaine (Vaucluse) provoquant la mort de 37 personnes, les épisodes de pluies intenses n'ont pas cessé de se multiplier. En novembre 1994, toute la région Provence-Alpes-Côte d'Azur est inondée. Quelques mois plus tard, la Bretagne souffre à son tour. En janvier 1996, l'Hérault est particulièrement frappé : le village de Puisserguier est emporté par un torrent de boue. En juin 2000, le sud de la France a les pieds dans l'eau. Mais les inondations qui ont touché la Somme au printemps de 2001 auront été les plus dramatiques. Le niveau des précipitations a été deux fois plus important que la normale. Conséquence : l'évacuation de plusieurs milliers d'habitations. Les épisodes de sécheresse ont été beaucoup moins nombreux, mais tout aussi spectaculaires : entre juin et juillet 1996, la ville de Rennes n'a enregistré que 14 millimètres de pluie, du jamais-vu depuis un siècle ! La Provence a connu lors de la saison 1999-2000 son hiver le plus sec depuis 1949.
Tous ces événements extrêmes traduisent-ils un changement climatique profond ? Les experts ne veulent pas se prononcer. Pour eux, une décennie n'est pas, en effet, une période suffisamment longue pour en conclure à un bouleversement durable des conditions atmosphériques. D'autant que les évolutions

La pluviométrie
(précipitations en France d'octobre à avril, en millimètres)

Normales saisonnières 454

695

sont loin d'être homogènes sur l'ensemble de l'Hexagone. L'année la plus pluvieuse de la décennie a été 2000 à Paris, 1996 à Marseille et 1992 à Bordeaux... ●

Montagnes russes   **Record du xxe siècle**

B. Quels sont les indices qui vous ont mis sur la piste...

- de l'offre d'emploi : ....
- de l'annonce immobilière : ....
- des données statistiques : ....

C. Répondez.

- Dans l'annonce, on trouve l'abréviation : « **h/f** », qu'est-ce que cela veut dire ?

....

- Et dans votre langue, qu'écrirait-on ?

....

- Dans la même annonce, on trouve les mots *marketing*, *phoning*, *mailing* ? Connaissez-vous les mots français ?

....

- Et dans votre langue, que dirait-on ? ....

....

D. Regardez l'offre d'emploi : est-elle typiquement française ou bien pourrait-elle aussi paraître dans votre pays ? Qu'est-ce qui serait semblable ou différent ? Avant de répondre, recherchez :

la langue exigée	
les coordonnées (tél., fax, courriel) où envoyer le CV	
le nom du poste	
l'âge du candidat	
le diplôme demandé	

vos stratégies

Comprendre un texte ne veut pas dire comprendre tous les mots. Comprendre un texte, c'est retenir les informations qu'il contient et qui vous intéressent. Voilà pourquoi il est utile de connaître la grammaire et le vocabulaire. Mais aussi, et surtout, il est utile d'avoir des connaissances sur l'aspect graphique et la présentation des différents types de textes.

SUCRÉ OU SALÉ ?

1. HABITUDES

A. Voilà une série de produits alimentaires. Indiquez dans quel rayon (les supermarchés sont divisés en rayons) vous allez trouver ces aliments ?

du saucisson / du lait
des tablettes de chocolat
des moules / du riz
des pommes de terre
des oignons / du poulet
des bonbons / du roquefort
de la confiture
des yaourts / du jus de fruit
des pommes / du jambon
de l'eau minérale
du fromage de chèvre
des pâtes

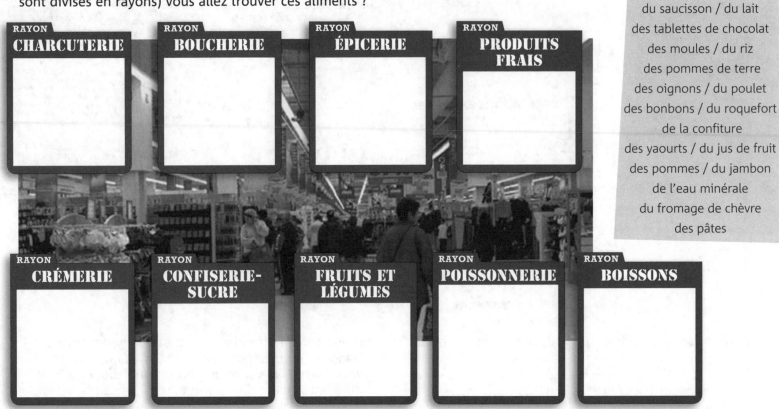

RAYON **CHARCUTERIE**

RAYON **BOUCHERIE**

RAYON **ÉPICERIE**

RAYON **PRODUITS FRAIS**

RAYON **CRÉMERIE**

RAYON **CONFISERIE-SUCRE**

RAYON **FRUITS ET LÉGUMES**

RAYON **POISSONNERIE**

RAYON **BOISSONS**

B. À vous maintenant d'ajouter deux produits dans chaque rayon.

2. POIDS ET MESURES

Complétez cette liste de courses avec les indicateurs de poids et de mesures suivants.

tablette(s)   filet(s)

boîte(s)

kilo(s)

paquet(s)

douzaine(s)

gramme(s)

litre(s)

tranche(s)

2 .... de lait entier

1 .... de sucre

250 .... de fromage

1 .... de chocolat

3 .... de jambon

1 .... de petits pois

1/2 .... d'œufs

1 .... de 500 g de spaghettis

2 .... de lieu

3. AU RÉGIME

La station thermale Les Thermes d'Ax propose un programme minceur en 3 jours mais de façon saine. Élaborez un menu pour cette période.

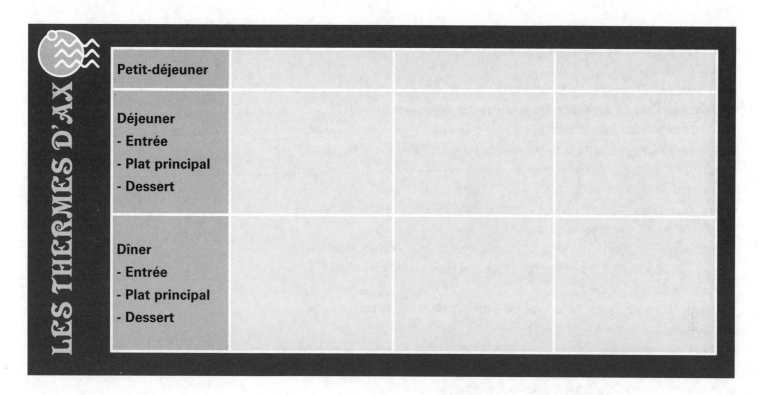

LES THERMES D'AX

Petit-déjeuner			
Déjeuner **- Entrée** **- Plat principal** **- Dessert**			
Dîner **- Entrée** **- Plat principal** **- Dessert**			

4. À TABLE

À l'aide des dessins, retrouvez les ustensiles de cuisine.

- C............................
- F............................
- P............................
- M............................
- A............................

- C............................
- V............................
- C............................
- F............................

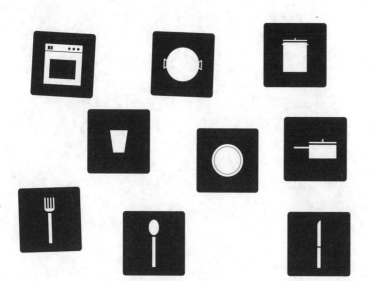

5. TROP OU PAS ASSEZ ?

Vous avez décidé d'organiser une fête qui réunira une dizaine de personnes. Voici la liste des produits à acheter : certaines quantités sont raisonnables, mais d'autres sont insuffisantes et d'autres encore semblent vraiment exagérées.

Utilisez les adverbes de quantité que vous connaissez pour les commenter : **pas de, (un) peu de, beaucoup de, trop de, pas assez de, plus de, moins de, quelques...**

Dans cette recette, il y a trop de...
Sur cette liste, il y a trop de...

Pour la fête, il faut acheter :
- 30 bouteilles de Coca
- 4 paquets de chips
- 10 bouteilles de jus de fruit
- un gâteau d'anniversaire
- 2 boîtes de biscuits pour l'apéritif

Pour la salade de fruits :
- 100 g de fraises
- 2 kg d'oranges
- 1 kiwi
- 300 g de raisins secs

3 Activités et exercices

6. LE, LA, L', LES, EN

Vous êtes allé(e) faire les courses pour un ami malade. Maintenant, vous les rangez dans sa cuisine. Complétez les phrases avec les pronoms qui conviennent (**le, la, l', les, en**).

○ Tu ranges où le pot de confiture ?

● Tu peux le mettre dans le placard.

○ Et le fromage ?

● Eh bien, tu .... ranges dans le frigo !

○ D'accord, je .... mets dans le bac à légumes. Et la sauce tomate, tu .... mets aussi dans le frigo ?

● Non, on va faire des pâtes pour manger. Tu peux même déjà .... ouvrir.

○ D'accord, et les tomates ?

● Tu .... laisses dehors. Comme ça on fera une salade. Tu as bien pris les olives et les concombres.

○ Zut, les olives ! Je crois que je .... ai oubliées. Mais les concombres, je .... ai mis dans le petit sachet, là-bas. J'ai aussi acheté du jus de fruits. Tu en bois, j'espère.

● Oui, de temps en temps. Et tu as pensé à acheter de la crème fraîche ?

○ Oui, j'........ ai acheté.

● Et des yaourts aussi ?

○ Je crois que j'... ai. Je voulais aussi des crèmes à la vanille.

● Je sais, mais il n'y .... avait plus au supermarché.

○ Eh bien, tant pis !

7. J'EN PRENDS UN

Deux amies se retrouvent à l'heure du café. Entourez le mot juste en fonction du pronom utilisé.

○ Tu prends **une tisane / un café / le thé** ?

● J'en veux bien un.

○ Tu peux sortir **les tasses / le lait / du sucre** ?

● Bien sûr. Tu les ranges où ?

○ Elles sont dans le placard. Ah !

Et **la saccharine / le sucre** est dans le petit meuble à côté.

● Je ne le vois pas.

○ Mais si, juste à côté de la confiture.

● D'accord, c'est bon.

○ Tu prends **du lait / de la confiture / le lait** avec ?

● J'en prends une goutte. Merci.

○ Tu veux **des pralines / les pralines** avec ?

● Oui, j'en mangerais volontiers...

8. FAIRE DES CRÊPES

Pour bien réussir les crêpes bretonnes, associez les éléments de la colonne **A** (qui sont déjà dans l'ordre) à ceux de la colonne **B** (dans le désordre).

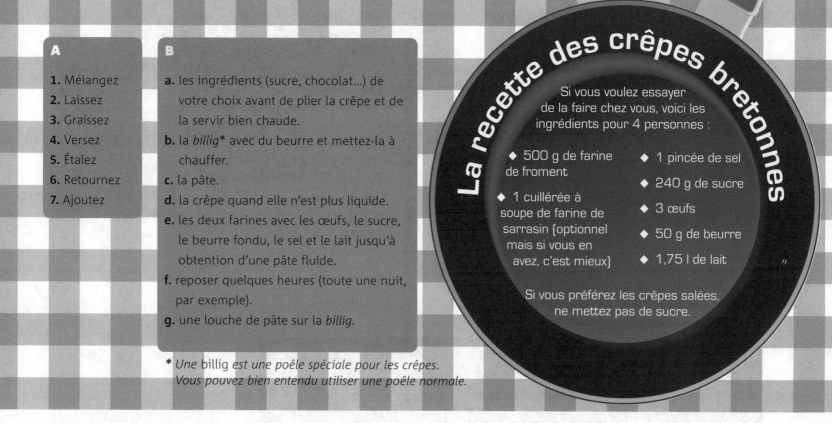

A

1. Mélangez
2. Laissez
3. Graissez
4. Versez
5. Étalez
6. Retournez
7. Ajoutez

B

a. les ingrédients (sucre, chocolat…) de votre choix avant de plier la crêpe et de la servir bien chaude.

b. la *billig** avec du beurre et mettez-la à chauffer.

c. la pâte.

d. la crêpe quand elle n'est plus liquide.

e. les deux farines avec les œufs, le sucre, le beurre fondu, le sel et le lait jusqu'à obtention d'une pâte fluide.

f. reposer quelques heures (toute une nuit, par exemple).

g. une louche de pâte sur la *billig*.

* *Une* billig *est une poêle spéciale pour les crêpes. Vous pouvez bien entendu utiliser une poêle normale.*

La recette des crêpes bretonnes

Si vous voulez essayer de la faire chez vous, voici les ingrédients pour 4 personnes :

- 500 g de farine de froment
- 1 cuillérée à soupe de farine de sarrasin (optionnel mais si vous en avez, c'est mieux)
- 1 pincée de sel
- 240 g de sucre
- 3 œufs
- 50 g de beurre
- 1,75 l de lait

Si vous préférez les crêpes salées, ne mettez pas de sucre.

9. D'ABORD, ENSUITE...

Pour bien réussir cette recette, voici les différentes étapes à suivre. Placez les mots **enfin**, **puis**, **après**, **avant de**, **d'abord**, **ensuite** dans les instructions suivantes.

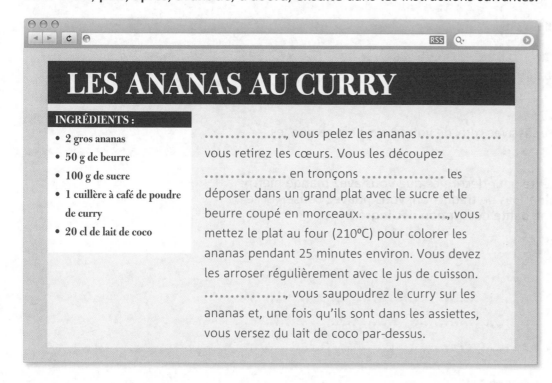

LES ANANAS AU CURRY

INGRÉDIENTS :

- 2 gros ananas
- 50 g de beurre
- 100 g de sucre
- 1 cuillère à café de poudre de curry
- 20 cl de lait de coco

...................., vous pelez les ananas .... vous retirez les cœurs. Vous les découpez .... en tronçons .... les déposer dans un grand plat avec le sucre et le beurre coupé en morceaux. ...., vous mettez le plat au four (210ºC) pour colorer les ananas pendant 25 minutes environ. Vous devez les arroser régulièrement avec le jus de cuisson. ...., vous saupoudrez le curry sur les ananas et, une fois qu'ils sont dans les assiettes, vous versez du lait de coco par-dessus.

10. QUELS INGRÉDIENTS ?

Piste 26

A. Écoutez la présentation de la recette du poulet basquaise : retrouvez, dans cette liste, les ingrédients et indiquez les quantités.

.... tomates

.... pommes de terre

.... poireaux

.... cuillères à café d'épices

.... verre de vin rouge

.... oignons

.... verre de vin blanc sec

.... crème fraîche

.... poivrons

.... gousses d'ail

.... de beurre

.... poulet fermier

.... carottes

.... cuillères à soupe d'huile d'olive

B. Vous avez noté les quantités pour chaque ingrédient, maintenant enregistrez-les et envoyez le fichier à votre professeur.

11. LES REPAS

A. Lisez le texte et complétez le tableau.

En France, les repas sont le petit-déjeuner, le déjeuner, le goûter et le dîner. En général, on prend le petit-déjeuner entre 6 h 30 et 8 h 30 ; on déjeune entre midi (12 h) et 13 h ; on goûte vers 16 h et on dîne entre 19 h et 20 h 30. Dans certaines régions de France et dans de nombreux pays francophones (Belgique, Suisse, etc.), c'est un peu différent : on dit qu'on dîne le midi et qu'on soupe le soir.

Horaires	Repas en France	Repas dans d'autres pays francophones (la Suisse et la Belgique, entre autres)
6 h 30 – 8 h 30		
Midi (12 h) – 13 h		Dîner
16 h		
19 h – 20 h 30		Souper

B. Comparez ces horaires et ces repas avec ceux de votre pays : est-ce que les habitudes sont les mêmes ?

C. À votre tour, écrivez un petit texte pour décrire ce que vous avez mangé hier. Puisque certains noms de plats n'ont pas de traduction, vous pouvez conserver le nom dans votre langue et faire une petite description des ingrédients.

Hier, au petit-déjeuner, j'ai mangé ....

....

....

....

....

12. SINGULIER OU PLURIEL ?

Piste 27

A. Écoutez ces phrases et dites si elles sont au singulier ou au pluriel.

	Singulier	Pluriel
1		
2		
3		
4		
5		
6		
7		
8		
9		
10		

B. Qu'est-ce qui vous a permis de faire votre choix ? Comparez votre réponse avec celle d'un(e) camarade.

....

....

....

C. Pouvez-vous compléter la règle suivante ?

À l'oral, il est possible de distinguer la 3e personne du singulier de la 3e personne du pluriel (**il** / **ils**, **elle** / **elles**), grâce à la ....

13. LE VOCABULAIRE DE L'UNITÉ

Piste 28

A. Écoutez et écrivez les mots que vous connaissez déjà.

....

....

....

B. Vérifiez maintenant ces mots en relisant l'unité ou avec un dictionnaire. Comment peut-on orthographier le [s] et le [z] ?

le [s]	
le [z]	

C. Pouvez-vous compléter cette règle ?

• .... se trouve devant n'importe quelle lettre au début d'un mot ou au milieu d'un mot entre une consonne et une voyelle.

Ex. : ....

• .... se trouve devant un **a**, un **o** ou un **u**.

Ex. :

• .... se trouve devant un **e** ou un **i** au début ou au milieu d'un mot :

Ex. : ....

• .... se trouvent entre deux voyelles.

Ex. : ....

14. [ʃ] DE CHOU OU [s] DE SOUS ?

Piste 29

Vous allez entendre 12 mots. Écoutez-les et indiquez si vous entendez le son [ʃ] comme dans **chou** ou [s] comme dans **sous**.

	[ʃ] de chou	[s] de sous		[ʃ] de chou	[s] de sous
1			7		
2			8		
3			9		
4			10		
5			11		
6			12		

15. ÇA SONNE...

Piste 30

A. Vous allez entendre six séries de deux mots. Écoutez-les et indiquez quel est le premier mot prononcé et quel est le deuxième.

1. ▦ soie ▦ choix
2. ▦ sac ▦ chaque
3. ▦ race ▦ arrache
4. ▦ baisse ▦ bêche
5. ▦ sous ▦ chou
6. ▦ ses ▦ chez

B. À vous de prononcer ! Exercez-vous seul(e), puis essayez de dire les phrases de plus en plus vite à un de vos camarades. N'oubliez-pas d'articuler !

Simone souhaite que ça marche.
Suzanne souhaite que ça change.
Sophie souhaite que ça chante.

Le chat de la sage Séraphine s'étend au soleil et sèche.
Le chien de Simon le scélérat s'enfuit sous sa niche.
Les sous du riche Socrate sont cachés dans son champ.

16. LA CUISINE FRANÇAISE, ÇA N'EXISTE PAS !

Complétez les mots du texte et indiquez les liaisons qui provoquent le son [z].

Depuis des années, on nous explique que la cui….ine fran….ai….e est unique au monde, mais ….i vous êtes déjà allé en Fran….e, vous avez ….ertainement remarqué que la ga….tronomie n'était pas au menu tous les jours.

Dans les familles, on mange des plats très variés même ….i le poulet-frites ….'est in….tallé dans les habitudes de nombreu….es familles. ….es plats changent en fonction de la région. Et puis, beaucoup ont adopté des re….ettes venues de l'immigration comme le cou….cou…., la paella ou les chiches-kebabs.

17. REGISTRES DE LANGUES

Voici trois menus et trois dialogues : à votre avis, dans quel restaurant est prononcé chaque dialogue ?

AU COMME CHEZ SOI

Menu à 15 euros
(du lundi au vendredi midi)

• Assiette de charcuterie ou salade variée
• Steak frites ou omelette (jambon, fromage ou champignon)
• fromage au choix ou dessert

RESTAURANT D'ENTREPRISE

Mardi 17 janvier

Entrées variées
ou soupe de légumes

Poulet ou filets de poisson

Haricots verts ou riz

Yaourt ou salade de fruits

AUX DÉLICES DU PALAIS

Menu à 75 euros

Mise en bouche

Chaud-froid de foie gras en tartines gourmandes

Timbale de homard gratinée

Duo de ris de veau et
filet de bœuf à la crème de morilles

Assiette de fromages

Avant dessert

Doux instants de gourmandise sucrée

Dialogue 1 :

SERVEUR : Deux personnes ? Alors attendez qu'une table se libère et ne restez pas au milieu, s'il vous plaît.
CLIENT : D'accord, on attend là dans le coin.

Dialogue 2 :

SERVEUR : Madame, Monsieur, bonsoir. Désirez-vous prendre un apéritif au salon ou souhaitez-vous passer à table directement ?
CLIENT : Nous prendrons volontiers un apéritif au salon d'abord. Merci beaucoup.

Dialogue 3 :

SERVEUR : Haricots ou riz ?
CLIENT : C'est possible d'avoir les deux ?
SERVEUR : Ça, je sais pas. Faut que je demande.

Aux délices du palais : dialogue n° ....
Au comme chez soi : dialogue n° ....
Restaurant d'entreprise : dialogue n° ....

vos stratégies ✖

N'oubliez pas que votre registre de langue doit s'adapter à la situation. Vous devez donc d'abord observer la manière dont les Français s'adressent à vous avant de leur répondre. Plus le registre est familier, plus les phrases sont courtes et certains mots disparaissent. Plus le langage est soutenu, plus les phrases sont longues et respectent l'ordre des mots.
Soyez aussi attentif/ve aux gestes qui accompagnent la parole : plus le registre de langue est soutenu, moins il est accompagné de gestes.

18. MANGER COMME...

A. À votre avis quand les Français disent d'une personne qu'**elle mange comme un ogre** ou qu'**elle mange comme quatre**, que veulent-ils dire ?

☐ Qu'elle mange beaucoup.

☐ Qu'elle est gourmande.

B. Et dans votre langue, comment rendez-vous ces images ?

....
....

C. Voici une autre expression : **Il vaut mieux l'emmener au cinéma qu'au restaurant.** À votre avis que veut-elle dire ?

....
....

D. Quelle expression utilisez-vous dans votre langue pour transmettre cette idée ?

....
....

1. CHEZ VOUS

Piste 31

Vous allez entendre huit questions sur l'endroit où vous habitez.
Notez-les et essayez d'y répondre.

1. ● .... ?
   ○ ....

2. ● .... ?
   ○ ....

3. ● .... ?
   ○ ....

4. ● .... ?
   ○ ....

5. ● .... ?
   ○ ....

6. ● .... ?
   ○ ....

7. ● .... ?
   ○ ....

8. ● .... ?
   ○ ....

2. LES PAYS LES PLUS PEUPLÉS

A. Voici une liste de pays : **le Canada, l'Italie, le Maroc, la Suisse, la Chine, la Belgique, les États-Unis, l'Inde, l'Allemagne, le Niger, la Pologne, la Tunisie.** Selon vous, quels sont les pays les plus peuplés ? Établissez votre classement.

1. ....
2. ....
3. ....
4. ....
5. ....
6. ....
7. ....
8. ....
9. ....
10. ....
11. ....
12. ....

Piste 32

B. À présent, écoutez le document. Vérifiez vos réponses et notez le nombre d'habitants.

Les États-Unis : 308 745 000

3. LE PLAN DE LA VILLE

Complétez le plan avec les mots suivants :

centre commercial   parc   usine

fleuve   hôtel de ville   stade

pont   gare SNCF   cathédrale

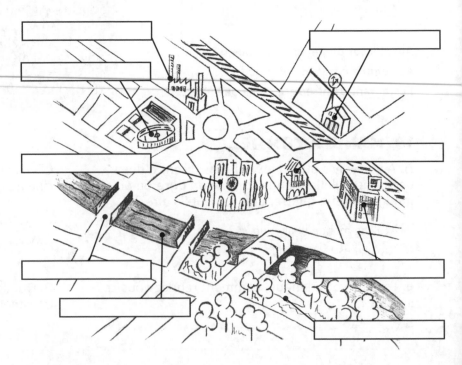

4. DANS MA VILLE, IL Y A...

Qu'est-ce qu'il y a dans votre ville (ou dans une ville que vous connaissez bien) ? Est-ce que vous y trouvez les éléments de la liste suivante ? Vous pouvez vous servir des adverbes de quantité **pas de, peu de, un peu de, beaucoup de, quelques**, etc. pour la décrire.

Il y a beaucoup de parcs.
Il n'y a pas beaucoup de vie nocturne.
Il n'y a pas de musées.

vie nocturne	usines	crèches	vie culturelle	musées	cinémas
touristes	problèmes sociaux	circulation	pollution	églises	gratte-ciel
personnes qui parlent français	espaces verts	embouteillages	plages	mosquées	chômage
installations sportives	collèges	hôpitaux	centres commerciaux	synagogues	
délinquance	lycées	monuments	parc	temples	

5. LE PRONOM RELATIF « OÙ »

Transformez les deux phrases indépendantes en une seule avec le pronom **où**, comme dans l'exemple.

1. Strasbourg est une ville d'Alsace. À Strasbourg, on trouve le siège du Parlement européen.
   Strasbourg est une ville d'Alsace où on trouve le siège du Parlement européen.

2. Toulouse est une grande ville. À Toulouse, il y a deux lignes de métro.

   ....

3. Nîmes est une belle ville. À Nîmes, on peut visiter de célèbres arènes.

   ....

4. Carnac est une ville très riche en monuments mégalithiques. À Carnac, on peut voir les menhirs de Kermario.

   ....

5. La Normandie est une belle région. En Normandie, on trouve un cidre excellent.

   ....

6. Lille est une importante ville du Nord. À Lille, on organise une très grande braderie.

   ....

7. La Tunisie est un pays du Maghreb. En Tunisie, la population parle très bien français.

   ....

8. La Suisse est un petit pays. En Suisse, on parle plusieurs langues.

   ....

6. LE PRONOM « Y »

Reprenez les phrases de l'exercice précédent et transformez-les en utilisant le pronom **y**, comme dans l'exemple.

1. *Strasbourg est une ville d'Alsace. On y trouve le siège du Parlement européen.*

2. ....

3. ....

4. ....

5. ....

6. ....

7. ....

8. ....

7. MIEUX OU MEILLEUR(ES) ?

Complétez les phrases avec la forme qui convient.

1. ● À mon avis, on vit bien à la campagne.

○ Oui, mais pour moi on vit encore .... en ville.

2. ● Les températures sont bonnes dans le Nord de la France ?

○ Pas vraiment, elles sont .... au bord de la Méditerranée.

3. La qualité de vie est .... dans une petite ville que dans une grande métropole.

4. On mange .... dans les restaurants des petits villages que dans les bars en ville.

5. Les transports publics sont .... dans les grandes villes que dans les villages.

6. Les services sanitaires sont .... dans les villes de taille moyenne.

7. Je me sens .... dans les villes qui sont au bord de la mer.

8. La qualité de l'air est .... dans les Alpes.

8. LE, LA, LES, L', EN, Y

Répondez de manière personnelle en utilisant le pronom qui convient.

1. Est-ce que tu es déjà allé(e) en France ? *Oui, j'y suis allé(e) plusieurs fois.*

2. Est-ce que tu as pris des photos pendant tes dernières vacances ? ....

3. Est-ce que tu connais les principaux musées de ta ville ? ....

4. Est-ce que tu vois souvent ta grand-mère ? ....

5. Est-ce que tu empruntes des livres à la bibliothèque de l'école ? ....

6. Est-ce que tu vas souvent au théâtre ? ....

7. Et tes parents ? ....

8. Est-ce que tu regardes la télé tous les soirs ? ....

9. PLUS, MOINS, AUTANT, AUSSI, MIEUX, MEILLEUR, PIRE

Pensez à la vie telle qu'elle était au XVIIIe siècle et telle qu'elle est actuellement.
Écrivez dix comparaisons en suivant l'exemple.

Actuellement, les gens vivent plus vieux.

1. ....

2. ....

3. ....

4. ....

5. ....

6. ....

7. ....

8. ....

9. ....

10. ....

10. CE QUI EST LE PLUS...

À votre avis, qu'est-ce qui... ?
N'hésitez pas à utiliser un dictionnaire.

* est le plus important dans l'amitié :

....

* est le plus grave problème aujourd'hui :

....

* est le meilleur aspect de la vie :

....

* est la pire chose dans vos études ou votre travail :

....

* fonctionne le mieux dans votre ville :

....

* fonctionne le moins bien dans votre ville :

....

* est le mieux pour être en forme :

....

* est le plus curieux à voir dans votre ville :

....

11. DIX RAISONS POUR CONVAINCRE

Vous voulez partir avec des amis en vacances en Guadeloupe et vous voulez visiter Pointe-à-Pitre. Cherchez sur ce site d'information touristique dix raisons pour convaincre vos amis d'y passer quelques jours.

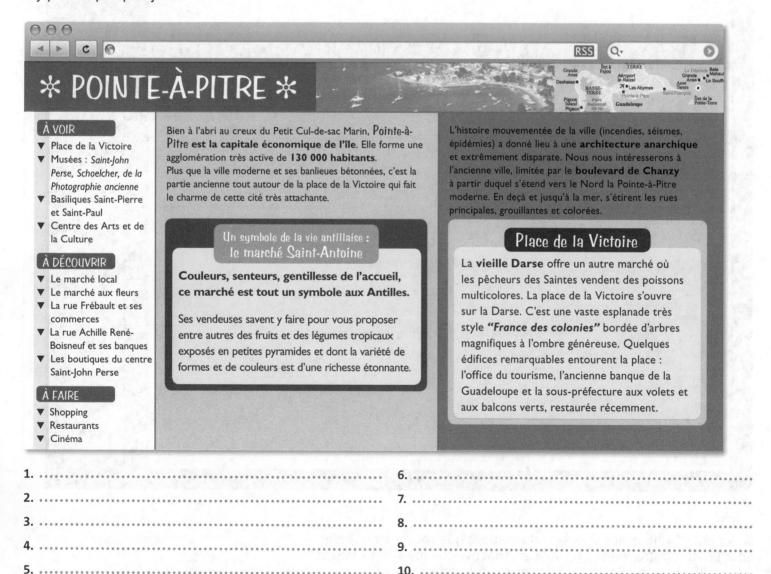

✳ POINTE-À-PITRE ✳

À VOIR
▼ Place de la Victoire
▼ Musées : *Saint-John Perse, Schoelcher, de la Photographie ancienne*
▼ Basiliques Saint-Pierre et Saint-Paul
▼ Centre des Arts et de la Culture

À DÉCOUVRIR
▼ Le marché local
▼ Le marché aux fleurs
▼ La rue Frébault et ses commerces
▼ La rue Achille René-Boisneuf et ses banques
▼ Les boutiques du centre Saint-John Perse

À FAIRE
▼ Shopping
▼ Restaurants
▼ Cinéma

Bien à l'abri au creux du Petit Cul-de-sac Marin, Pointe-à-Pitre **est la capitale économique de l'île**. Elle forme une agglomération très active de **130 000 habitants**.
Plus que la ville moderne et ses banlieues bétonnées, c'est la partie ancienne tout autour de la place de la Victoire qui fait le charme de cette cité très attachante.

Un symbole de la vie antillaise : le marché Saint-Antoine

Couleurs, senteurs, gentillesse de l'accueil, ce marché est tout un symbole aux Antilles.

Ses vendeuses savent y faire pour vous proposer entre autres des fruits et des légumes tropicaux exposés en petites pyramides et dont la variété de formes et de couleurs est d'une richesse étonnante.

L'histoire mouvementée de la ville (incendies, séismes, épidémies) a donné lieu à une **architecture anarchique** et extrêmement disparate. Nous nous intéresserons à l'ancienne ville, limitée par le **boulevard de Chanzy** à partir duquel s'étend vers le Nord la Pointe-à-Pitre moderne. En deçà et jusqu'à la mer, s'étirent les rues principales, grouillantes et colorées.

Place de la Victoire

La **vieille Darse** offre un autre marché où les pêcheurs des Saintes vendent des poissons multicolores. La place de la Victoire s'ouvre sur la Darse. C'est une vaste esplanade très style *"France des colonies"* bordée d'arbres magnifiques à l'ombre généreuse. Quelques édifices remarquables entourent la place : l'office du tourisme, l'ancienne banque de la Guadeloupe et la sous-préfecture aux volets et aux balcons verts, restaurée récemment.

1. ....
2. ....
3. ....
4. ....
5. ....

6. ....
7. ....
8. ....
9. ....
10. ....

12. J'ÉCRIS MA BROCHURE

A. À votre tour, écrivez une petite brochure sur votre ville ou votre région.

Voici quelques pistes de travail :

- Cherchez des renseignements sur les lieux les plus intéressants.

- Faites une brève description générale (situation, climat, caractéristiques géographiques, historiques, économiques, etc.).

- Vous pouvez intégrer quelques photos ou des images pour compléter ce travail.

- Inventez un slogan publicitaire pour la promotion du lieu.

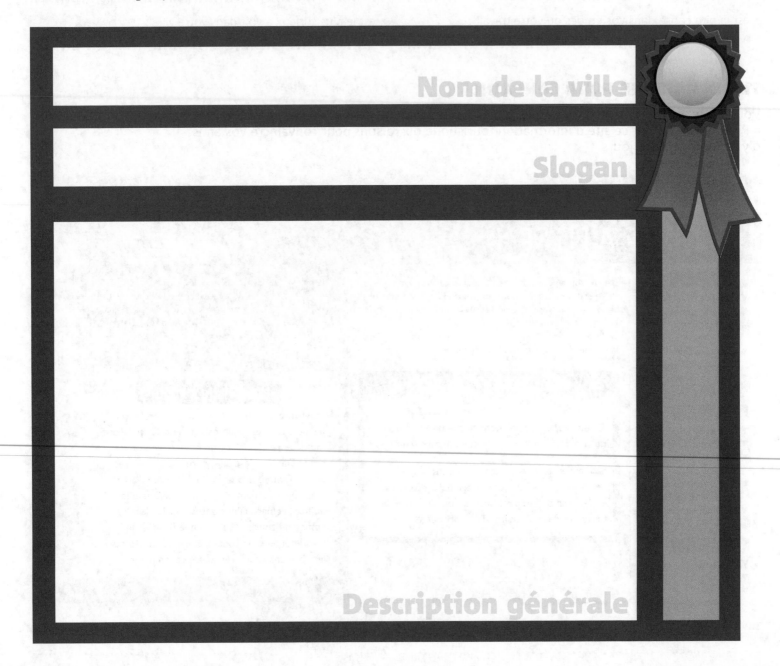

Nom de la ville

Slogan

Description générale

B. À présent, utilisez les diverses informations que vous avez relevées pour les enregistrer de façon claire et attractive comme si vous faisiez de la pub à la radio. Envoyez le fichier à votre professeur.

13. PARIS

A. Relisez attentivement dans les pages 46-47 du **Livre de l'élève** « Paris au fil du temps » et complétez les expressions de temps suivantes.

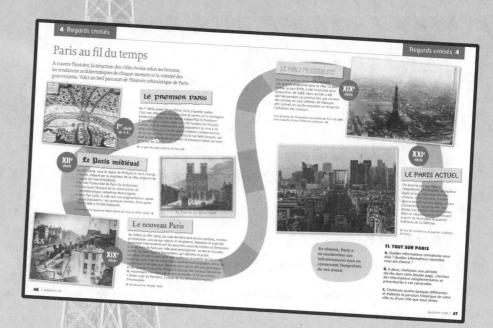

- .... Ier siècle avant Jésus-Christ.
- .... XIIe siècle, sous le règne de Philippe II.
- .... l'an 1200.
- .... du XIXe siècle.
- La tour Eiffel qui a été construite pour l'exposition de ....

B. Complétez le texte suivant à l'aide des étiquettes ci-dessous :

au · en · de… à · le · à

C'est .... printemps qu'il faut visiter Paris : la lumière y est superbe ! Mais .... hiver, attendez-vous à avoir de la neige. De toute façon, ... n'importe quelle saison, il faut voir les bâtiments construits par Haussmann .... XIXe siècle et la tour Eiffel construite .... 1887 .... 1889. Mais, si vous voulez visiter d'autres bâtiments comme le palais de l'Élysée, alors il faut venir à Paris pour la Journée du patrimoine, ... septembre, ... 21 plus exactement.

C. Après avoir vérifié vos réponses aux activités **A** et **B** avec votre professeur, complétez le tableau ci-dessous avec des exemples personnels.

	Exemples
au	
en	
le	
de… à	
à	

14. [R] ET [g] COMME « ROUGE-GORGE »

Piste 33

Écoutez et indiquez si vous entendez le son [R] comme dans **rouge** ou le son [g] comme dans **gorge**.

	[R]	[g]
1		
2		
3		
4		
5		
6		

Le rouge-gorge

15. LE [R]

Piste 34

Écoutez les exemples suivants puis répétez-les.

1. La **r**ue est ba**rr**ée ap**r**ès le **cr**oisement.

2. Il **tr**availle **tr**op.

3. Ce **r**iz est **tr**ès bon.

4. Ce camion est mal ga**r**é.

5. Je **cr**ois que **R**onan est à **R**ennes.

6. Sophie vient de Namu**r**.

7. Ils se sont vus au ba**r**.

8. Elle est caissiè**r**e.

9. Elle adore dormi**r**.

10. C'est une bonne pe**r**formance a**r**tistique.

16. DES MOTS AVEC [R]

Piste 35

Vous allez entendre dix mots. Indiquez s'ils contiennent le son [R] ou pas.

	Oui	Non
1		
2		
3		
4		
5		
6		
7		
8		
9		
10		

antisèche

Le **-r** de la forme **-er** de l'infinitif du 1er groupe (**chanter**, **voyager**, **manger**, etc.) et des professions (**pâtissier**, **menuisier**, **policier**, etc.) ne se prononce jamais. Dans ce cas, la prononciation est [e].

17. ÉCRIRE ET DONNER SON OPINION

A. Lisez ce texte. Êtes-vous d'accord avec Lætitia Lamour ?

L'AVIS DES STARS

Vous préférez
vivre en **ville** ou à la **campagne** ?

Même si pour certains la vie à la campagne est plus saine, je pense que vivre en ville présente beaucoup plus d'avantages : on peut aller aux spectacles, profiter de la vie culturelle, des boutiques et des services en tout genre. Les inconvénients de la campagne sont évidents : les insectes, le manque d'intimité qui caractérise en général les petits villages, etc. Toutefois, l'idéal peut être une solution intermédiaire : il s'agit d'alterner la vie à la campagne et celle en ville. Mais tout le monde ne peut pas se le permettre, soit pour des raisons économiques (cela coûte beaucoup plus cher) soit professionnelles (on peut être obligé de rester en ville ou, au contraire, à la campagne).

Lætitia Lamour, actrice. Elle habite à Paris.

Piste 360

B. À présent, écoutez Lætitia Lamour. Elle parle avec des amies. Elle émet des opinions sur le même sujet mais le fait-elle de la même manière qu'elle l'a fait par écrit ?

La conversation est la forme de communication la plus courante entre les êtres humains. Comme vous l'avez vu, l'expression orale a des caractéristiques différentes si on la compare à l'expression écrite. Observez les mécanismes employés par les interlocuteurs. Votre professeur peut vous donner la transcription de la conversation.

Pour donner leur avis, les interlocuteurs coopèrent :

- en complétant la phrase de l'autre,
- en utilisant des mots que l'autre a dits ou en les répétant,
- en s'assurant que les autres comprennent ce qu'on veut dire.

Pour s'exprimer, l'intonation est aussi importante que la grammaire et le vocabulaire.

Les phrases ont des traits propres à l'oral :

- elles sont plus courtes,
- elles contiennent des répétitions, des hésitations,
- elles sont incomplètes.

Ce ne sont pas des erreurs mais des moyens au service de l'expression.

> ## vos stratégies
>
> Dans la conversation, ce qui est important, c'est la coopération entre les interlocuteurs. La coopération peut être aussi bien verbale que non verbale : quand vous écoutez votre interlocuteur, pensez à regarder aussi son regard et ses gestes (voir activité 12, unité 6) ; ils vous aideront à comprendre ce qu'on est en train de vous dire. Pour communiquer avec efficacité et fluidité, concentrez-vous davantage sur le message que sur la correction grammaticale.

18. « Y » ET « EN » DANS VOTRE LANGUE

A. Comment diriez-vous dans votre langue.

- Je n'aime pas la campagne : la vie y est trop dure.

....

- J'aime la ville : la vie y est plus agréable et plus facile

....

- Dans mon village, il y a un cinéma et la programmation y est excellente.

....

- Je vais déménager en ville : qu'en pensez-vous ?

....

- Ici, on vend de très bons chocolats, mais je n'en achète jamais.

....

B. Dans ma langue :

- **Y** peut s'exprimer avec ....

- **En** peut s'exprimer avec ....

1. EN QUOI SONT-ILS ?

Écrivez le nom d'objets faits dans la matière de chaque colonne et donnez un titre à la dernière colonne.

BOIS	CUIR	PLASTIQUE	VERRE	MÉTAL	
					livres
					cahiers
					chèques
					tracts
					confetti

2. ÇA SERT À...

Trouvez dans la liste le nom de ces objets et expliquez en quoi ils sont et à quoi ils servent. Si c'est nécessaire, aidez-vous d'un dictionnaire.

DESSIN Nº	NOM DE L'OBJET	DESCRIPTION
	un dé à coudre	
	du cirage	
	un anorak	
	un camping-gaz	
	des allumettes	Ça sert / Elles servent / C'est une chose en bois qui sert à ...
	un arrosoir	
	une ampoule	
	des bretelles	
	un mètre	
	une multiprise	

3. C'EST POUR...

Imaginez les questions pour chacune de ces réponses.

1. ● .... ?
   ○ C'est pour nettoyer les bouteilles.

2. ● .... ?
   ○ 100% coton.

3. ● .... ?
   ○ Avec des piles.

4. ● .... ?
   ○ C'est long et rectangulaire.

5. ● .... ?
   ○ Avec de l'eau et du savon.

6. ● .... ?
   ○ Dans toutes les pharmacies.

7. ● .... ?
   ○ La vitesse se règle à partir du bouton à droite.

8. ● .... ?
   ○ 35 €.

4. QU'EST-CE QUE C'EST ?

De quels objets parlent-ils ? Notez le numéro du dialogue correspondant.

Piste 37

un fauteuil pliable ....   un tire-bouchon ....   une sorbetière ....

un album photo ....   une montre ....   une lampe ....

5. QUE FAIT-ON DE TOUS CES OBJETS ?

Voici une liste d'objets, essayez de les regrouper comme dans l'exemple.

un ordinateur	une radio	une lampe	
un micro-ondes	une montre	un jeu de cartes	
une fourchette	une voiture	un chiffon	
un bracelet	un réveille-matin	un journal	un pion
une photo	une lettre d'amour	un verre	une pièce de monnaie
un cadeau	une armoire	un robinet	un tube de colle
une bibliothèque	des pantoufles	un couteau	un cadre de photo

Ce sont des objets que je porte toujours sur moi : un stylo, des mouchoirs en papier, un téléphone portable.

6. OBJETS PERDUS

Piste 38

A. Charles, un élève, a perdu un objet ce matin à l'école. Écoutez sa conversation avec le concierge puis choisissez parmi les objets proposés celui dont il parle.

B. Écrivez une annonce pour le tableau d'affichage de l'école pour signaler ce que Charles a perdu.

....
....
....
....
....
....

7. CHARADES

A. Savez-vous ce que c'est qu'une charade ? Regardez l'exemple, puis à votre tour essayez de résoudre les trois suivantes.

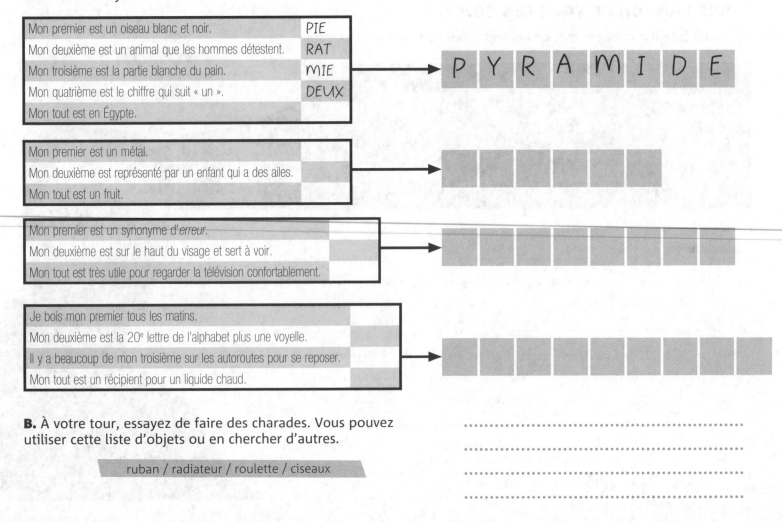

Mon premier est un oiseau blanc et noir.	PIE
Mon deuxième est un animal que les hommes détestent.	RAT
Mon troisième est la partie blanche du pain.	MIE
Mon quatrième est le chiffre qui suit « un ».	DEUX
Mon tout est en Égypte.	

→ P Y R A M I D E

Mon premier est un métal.
Mon deuxième est représenté par un enfant qui a des ailes.
Mon tout est un fruit.

Mon premier est un synonyme d'*erreur*.
Mon deuxième est sur le haut du visage et sert à voir.
Mon tout est très utile pour regarder la télévision confortablement.

Je bois mon premier tous les matins.
Mon deuxième est la 20ᵉ lettre de l'alphabet plus une voyelle.
Il y a beaucoup de mon troisième sur les autoroutes pour se reposer.
Mon tout est un récipient pour un liquide chaud.

B. À votre tour, essayez de faire des charades. Vous pouvez utiliser cette liste d'objets ou en chercher d'autres.

ruban / radiateur / roulette / ciseaux

....
....
....
....

8. PETITES ANNONCES

Regardez les objets des pages 110-111 du *Livre de l'élève*. Choisissez-en deux et écrivez deux petites annonces dans le journal local pour les vendre.

À vendre

OUVRE-BOÎTES EN ACIER

(fin de série)

Pratiques, idéaux pour le camping
Complètement neufs

5 € pièce

Tél. : 05 65 80 78 88

9. LES PRONOMS RELATIFS « QUI » ET « QUE »

A. Répondez à ce questionnaire.

• Un plat que vous recommandez :

....

• L'acteur qui, actuellement, plaît le plus dans votre pays :

....

• Un livre que vous avez lu plusieurs fois :

....

• Un lieu qui est pour vous plein de bons souvenirs :

....

• Une personne que vous admirez :

....

• Un lieu que vous voudriez bien visiter :

....

• Une chose qui vous passionne :

....

B. À votre tour, écrivez un questionnaire que vous pourrez proposer à vos camarades de classe et à votre professeur. Attention aux pronoms **que** et **qui** !

• Une personne qui ....

....

• Un lieu que ....

....

• Un objet que ....

....

• Une ville qui ....

....

• ....

....

• ....

....

10. MON OBJET FÉTICHE

Écrivez un petit article sur un objet qui a ou a eu beaucoup d'importance pour vous. Comment vous l'avez eu ? Depuis quand ? Dans quelles circonstances ? Comment il est ? (70 mots environ)

....

....

....

....

....

....

11. LA BELLE VIE

A. Marc rêve en pensant au billet de loterie qu'il vient d'acheter avec des amis. Lisez ce qu'il dit et écrivez les verbes à la forme qui convient.

Ce .... (**être**) la belle vie. D'abord on ....

(**partager**) et moi, je .... (**placer**) ma part dans une banque en

Suisse, puis avec mes meilleurs amis, nous .... (**faire**) le tour

du monde.

Je m' .... (**arrêter**) de travailler et je ....

(**donner**) une partie de l'argent à mes sœurs. Elles .... (**faire**)

ce qu'elles .... (**vouloir**) avec. Il y ....

(**avoir**) de grandes fêtes dans la maison que je m'........................... (**acheter**)

sur la plage. Et vous, qu'est-ce que vous .... (**faire**) ?

B. Maintenant, regardez bien la forme du futur des verbes et complétez le tableau.

	avoir	vouloir	faire	être	partager, placer, s'arrêter, donner, acheter
je / j'			ferai	serai	partagerai
tu	auras	voudras			
il / elle / on		voudra	fera		
nous	aurons	voudrons		serons	
vous		voudrez		serez	
ils / elles	auront			seront	partageront

12. VOTRE AVENIR

A. Vous consultez une voyante qui lit votre avenir dans sa boule de cristal. Lisez ses prédictions pour les cinq prochaines années et complétez avec les verbes manquants.

Votre santé .... excellente et vous .... une nouvelle

opportunité dans votre travail / vos études dès le mois prochain. Dans quelques mois, vous

.... une grande surprise parce que la même semaine vous ....

une personne très intéressante et vous .... à la loterie. Avec cet argent, vous

.... seul(e) un grand voyage dans un pays lointain.

B. Comment croyez-vous que votre vie sera dans 15 ans ? Prenez des notes dans chaque rubrique, puis enregistrez votre texte. N'oubliez pas d'envoyer le fichier à votre professeur.

• Votre travail / vos études : ....

• Votre famille : ....

• Votre domicile : ....

• Autres : ....

13. LE FUTUR

A. Regardez ces verbes et cochez ceux qui sont au futur.

- prends ☐
- venaient ☐
- pourrez ☐
- apprendai ☐
- savais ☐
- raconteront ☐

- viviez ☐
- donnerais ☐
- fermera ☐
- pouvez ☐
- arriverons ☐
- allait ☐

- inviteras ☐
- travaillerez ☐
- mettriez ☐
- partirions ☐

B. Prenez la première lettre, en respectant l'ordre, de chacun des verbes au futur pour obtenir un mot en français.

☐ ☐ ☐ ☐ ☐ ☐ ☐

14. À VENIR

Vous êtes en charge de la rubrique *Agenda* dans le journal interne de l'école où vous apprenez le français. Annoncez un des événements prévus prochainement dans la liste ci-dessous.

- la conférence d'une personnalité
- un petit marché artisanal pour Noël organisé par les étudiants
- une collecte au profit d'une association
- une rencontre sportive avec une autre école
- un pique-nique entre professeurs et élèves
- une soirée à thème
- un changement important dans les bâtiments

Samedi 3 avril à partir de 20 heures aura lieu, comme chaque année,

LA GRANDE SOIRÉE EUROPÉENNE

- Il y aura des plats de tous les pays de la communauté préparés par les étudiants.

- Le ticket d'entrée de **10 €** donnera droit à 2 boissons et à goûter à tous les plats présentés.

- C'est l'orchestre le **TRIPOLI** qui animera cette soirée.

Si vous voulez participer, vous pouvez contacter **Sylvain Polinski** entre 12 h et 14 h dans la salle A008.

Espérons que nous serons aussi nombreux que l'année dernière.

15. L'ENCHAÎNEMENT

A. Écoutez l'enchaînement consonantique avec la consonne **r** puis répétez.

Piste 39

- Leur_ami est très grand.
- Leur_avion est arrivé à quatre heures.
- Il est parti sur_un bateau.
- Il s'est assis sur_une chaise.

B. Écoutez l'enchaînement vocalique, puis répétez.

Piste 40

- Il travaillera_à Paris.
- Elle vivra_à Toulouse.
- Il habitera_à Monaco.
- Tu partirs_à Londres cet été.

C. Écoutez ces phrases puis dites-les au futur.

Piste 41

- Tu viens demain ?
- À quelle heure elle arrive ?
- Je pars dans deux heures.
- Nous regardons la télévision.
- Ils ont beaucoup de travail.
- On mange vers 8 heures.

D. Écoutez ce poème puis lisez-le à haute voix.

Piste 42

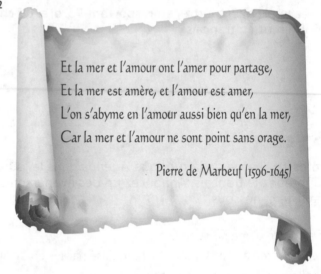

Et la mer et l'amour ont l'amer pour partage,
Et la mer est amère, et l'amour est amer,
L'on s'abyme en l'amour aussi bien qu'en la mer,
Car la mer et l'amour ne sont point sans orage.

Pierre de Marbeuf (1596-1645)

16. L'INTONATION

A. Écoutez ces phrases. Indiquez leur courbe mélodique. Dessinez le mouvement de la voix que vous entendez. L'intonation monte ou descend ?

Piste 43

Si on allait au café ? ↗

a) Si on partait en vacances ?
b) Si on se faisait un couscous ce soir ?
c) Ça te dirait d'aller au théâtre ?
d) Désolé, ce soir, j'ai du travail.
e) Non, c'est dommage, j'ai un rendez-vous chez le dentiste.
f) Impossible, je n'ai pas le temps.
g) Je regrette, demain, je ne suis pas libre.

B. Maintenant, écoutez ces phrases et, en fonction de l'intonation, dites si vous entendez une proposition ou un refus.

Piste 44

	1	2	3	4	5	6	7	8
proposition								
refus								

17. LE JEU DU TABOU

Dessinez un trajet dans ce labyrinthe, puis expliquez-le à un camarade de classe
pour qu'il le dessine sur son cahier. Vous ne pouvez pas nommer les objets, vous
devez utiliser d'autres stratégies pour expliquer de quel objet il s'agit.

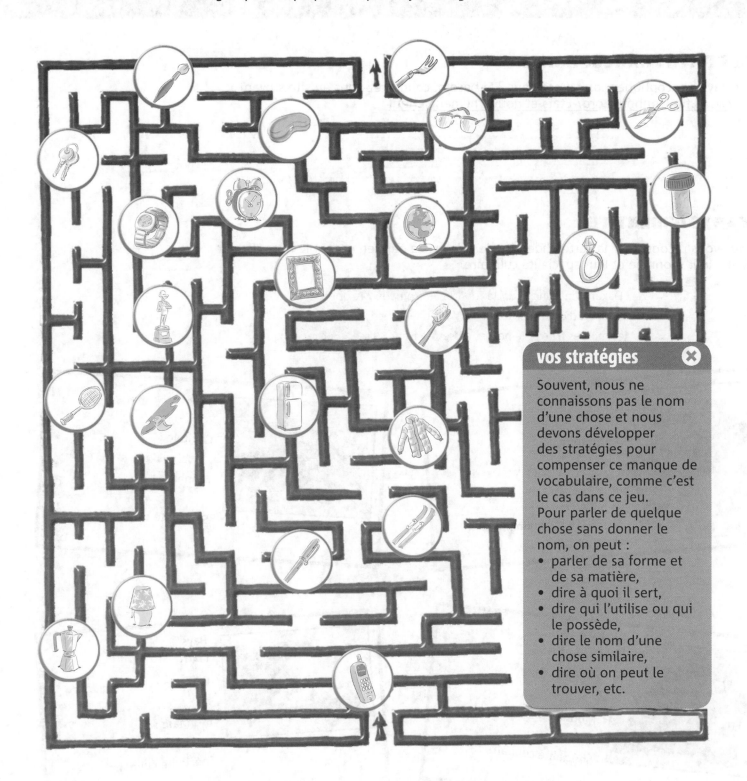

vos stratégies ✖

Souvent, nous ne
connaissons pas le nom
d'une chose et nous
devons développer
des stratégies pour
compenser ce manque de
vocabulaire, comme c'est
le cas dans ce jeu.
Pour parler de quelque
chose sans donner le
nom, on peut :
- parler de sa forme et
  de sa matière,
- dire à quoi il sert,
- dire qui l'utilise ou qui
  le possède,
- dire le nom d'une
  chose similaire,
- dire où on peut le
  trouver, etc.

1. LES PAYS FRANCOPHONES

Quels pays francophones connaissez-vous ? Si besoin, connectez-vous au site suivant :
http://www.francophonie.org/-Etats-et-gouvernements-.html

....

....

....

2. CARTE D'IDENTITÉ

Pouvez-vous reconstituer la carte d'identité de ces quatre pays en notant le nom de leur capitale, leur monnaie et leur spécialité culinaire.

> Dakar / le franc CFA / la fondue au fromage / la gourde
> le riz djon-djon / Bruxelles / Port-au-Prince / l'euro
> les moules-frites / le poulet yassa / le franc suisse / Berne

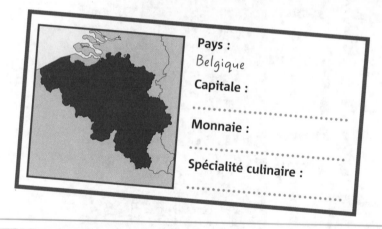

Pays : Belgique
Capitale :
....
Monnaie :
....
Spécialité culinaire :
....

Pays : Suisse
Capitale :
....
Monnaie :
....
Spécialité culinaire :
....

Pays : Sénégal
Capitale :
....
Monnaie :
....
Spécialité culinaire :
....

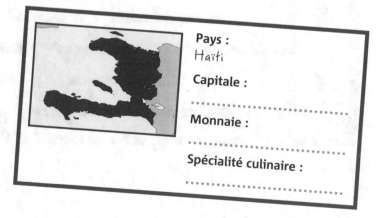

Pays : Haïti
Capitale :
....
Monnaie :
....
Spécialité culinaire :
....

3. DÉVELOPPER SES COMPÉTENCES

A. À votre avis, quelles compétences en français développent les pratiques proposées dans ce tableau ?

	Compréhension		Expression		Culture
	orale	écrite	orale	écrite	
Lire des BD	x	x			x
Organiser un échange					
Voyager					
Consulter Internet					
Regarder la télé					
Écouter de la musique					
Écrire des courriels					
Lire des magazines					

B. Une compétence est-elle plus développée qu'une autre ? Si oui, laquelle ?

4. LA FORMULE IDÉALE POUR...

A. Observez les différentes formules pour apprendre le français autrement page 122 du *Livre de l'élève*. Dans le premier programme, on veut développer la compréhension orale des élèves. Quel programme pouvez-vous imaginer ?

Programme 1
Compétence choisie : Compréhension orale

Durée du programme : ....

Lieu : ....

Contenu du programme :

....

Rythme :

  Matin : ....

  Après-midi : ....

  Soirée : ....

  Week-end : ....

B. À présent, choisissez une autre compétence à développer et créez votre propre formule.

Programme 2
Compétence choisie : ....

Durée du programme : ....

Lieu : ....

Contenu du programme :

....

Rythme :

  Matin : ....

  Après-midi : ....

  Soirée : ....

  Week-end : ....

5. APPRENDRE DES MOTS NOUVEAUX

A. Voici huit mots représentatifs des régions d'outre-mer françaises. Lisez-les et retenez-les.

zouk / madras / colibri / acra / créole / lagon / case / cocotier

B. Pouvez-vous les réciter maintenant ? Comment avez-vous fait pour les retenir ? Expliquez au reste de la classe.

6. COMPRENDRE ET MÉMORISER

Piste 45

A. Écoutez ce texte.

B. Quelles informations principales sur le programme de Max pouvez-vous noter ?

....

....

C. Maintenant, à l'aide de ces étiquettes, reconstituez chronologiquement le programme de Max, puis comparez vos résultats avec ceux de votre camarade.

Puis, il prendra le TGV en direction du Sud-Ouest pour visiter les grottes de Lascaux et goûter le foie gras !

C'est décidé, cet été Max va aller en France !

Il arrivera à Paris en juillet.

Il visitera le Louvre, car il adore les musées.

Enfin, au mois d'août, il prendra le bateau et ira se reposer en Corse.

Il ira se promener sur les quais pour admirer la Seine et visiter aussi le quartier du canal Saint-Martin où ont été tournés des passages du film Le Fabuleux Destin d'Amélie Poulain.

Ensuite, il louera une voiture pour aller dans le Sud-Est assister au festival d'Avignon et au festival de Jazz à Juan-les-pins.

D. Qu'est-ce qui vous a guidé dans la reconstitution du texte ?

■ les temps des verbes ■ le vocabulaire ■ le sens ■ les marqueurs de temps ■ la mémoire

7. LIRE AU PRÉSENT

Indiquez si les phrases suivantes indiquent une situation présente, une situation en cours ou une action habituelle.

	Situation présente	Situation en cours	Action habituelle
Il neige depuis ce matin.			
Elle va à Londres tous les jours.			
Paul est au téléphone, on ne peut pas le déranger.			
Claire apprend le français pour pouvoir comprendre les chansons des BB Brunes.			
Ils ont cours tous les matins.			
Ils ne parlent jamais français entre eux, c'est dommage.			

8. ÉCRIRE AU PRÉSENT

Rédigez un petit texte dans lequel vous indiquerez : une situation présente qui vous concerne, une situation en cours qui concerne des membres de votre famille, une action habituelle qui concerne votre groupe d'amis. (N'oubliez pas d'utiliser certains coordinateurs comme **or, mais, parce que**...).

....

....

....

....

....

9. ET DEMAIN ?

A. Pouvez-vous répondre à ces questions ?

• Que ferez-vous l'été prochain ?

....

• Et que fera votre meilleur ami ?

....

• Comment vivrons-nous sur Terre en 2100 ?

....

• Quel type de musique les gens écouteront-ils en 2050 ?

....

B. Maintenant, rappelez la formation du futur.

Le futur se forme à partir de .... du verbe et les terminaisons sont :

....

10. L'ENQUÊTE

Piste 46

A. Écoutez ce dialogue et relevez les pronoms compléments d'objet : sont-ils directs ou indirects ?

....

....

B. Maintenant, à vous d'interviewer un/e camarade sur ses habitudes sportives, ménagères, culturelles... Vous pouvez enregistrer votre interview et l'envoyer à votre professeur.

11. HIER SUR LES CHAMPS–ÉLYSÉES...

A. Complétez ce texte avec les verbes ci-dessous, conjugués au temps qui convient. Pour cela lisez bien le premier mot du texte.

> arriver / assister / boire / commencer / crier
> discuter / manger / passer / rentrer

Hier, nous .... à l'arrivée du Tour de France sur les Champs-Élysées.

Nous .... en avance pour pouvoir être le plus près possible de la

ligne d'arrivée.

En attendant les coureurs, nous .... entre nous et les gens

.... leurs boissons car il faisait très chaud. Quand les coureurs

.... à arriver, tout le monde .... leur nom

pour les encourager. Nous .... un excellent moment. Puis, mes amis

.... des crêpes à une terrasse et moi, je ....

chez moi pour recevoir mes parents.

B. Quel temps avez-vous employé ? Pourquoi ?

....

....

....

....

....

....

....

....

12. DE NOUVELLES EXPRESSIONS

A. Pouvez-vous reconstituer les expressions que vous avez lues dans le *Livre de l'élève* ?

lancer ●	● devant
faire ●	● bien/mal élevé
passer ●	● un devoir
être ●	● par-dessus l'épaule de quelqu'un
prendre ●	● du temps qu'il fait
parler ●	● l'ascenseur
être ●	● la queue
copier ●	● un regard méchant
lire le journal ●	● très pressé

B. Recopiez les équivalents des expressions suivantes en utilisant celles de l'exercice A :

• Être grossier :

....

• Attendre son tour :

....

• Ne pas avoir le temps :

....

13. EXPRIMER SES SENTIMENTS

A. Quelle/s expression/s utilisez-vous pour dire que :

avoir besoin de / avoir du mal à / ne pas arriver à / essayer de

• vous ressentez la nécessité d'avoir quelque chose :

....

• vous avez des difficultés à faire quelque chose :

....

• vous devez faire un effort pour réaliser quelque chose :

....

B. Répondez aux questions suivantes.

• De quoi avez-vous besoin pour bien parler français ?

....

• Qu'avez-vous du mal à faire en général ?

....

• Que n'arrivez-vous jamais à faire au quotidien ?

....

14. LES SONS [bl] ET [pl]

Piste 47

A. Écoutez les douze mots suivants et dites si vous entendez le [bl] de **blanc** ou [pl] de **plante**.

	[bl] de **blanc**	[pl] de **plante**
1		
2		
3		
4		
5		
6		
7		
8		
9		
10		
11		
12		

plante

blanc

Piste 48

B. Écoutez les phrases suivantes et transcrivez-les.

1. ....

2. ....

3. ....

4. ....

C. Amusez-vous à prononcer ces groupes de mots le plus vite possible. N'oubliez pas d'articuler !

- le blé bleu
- le plomb blond
- le placard blanc
- le pli possible
- la blague plate
- la double plainte
- la plante humble
- la blouse ample

15. MON APPRENTISSAGE

Faites le bilan de votre apprentissage : complétez ce réseau avec des mots, des éléments grammaticaux que vous avez appris dans la dernière unité (et dans les unités précédentes, si vous le désirez).

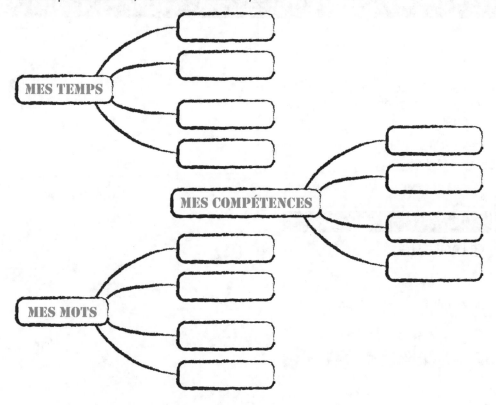

16. ET DANS VOTRE LANGUE, COMMENT DITES-VOUS... ?

• Il a besoin de bouger, mais le professeur lui a lancé un regard noir.

....

• Elle n'arrive pas à apprendre le chinois, même pour parler du temps qu'il fait !

....

• Ils sont pressés de partir en vacances et ont envie d'aller en Guadeloupe.

....

• Je suis allée acheter des croissants et j'ai fait la queue pendant 15 minutes.

....

17. LES PRONOMS COI

A. Retrouvez les personnes que remplacent les COI, puis complétez ces phrases avec le bon complément d'objet indirect : **me/m', t'/te, lui, nous, vous, leur**

J'ai envie de faire une fête avec les copains. Je vais ...... dire

de venir manger et danser samedi soir, tu es d'accord ? Je vais

...... écrire un courriel.

Et puis, ma mère, je vais ...... demander des idées de recettes.

Je ...... téléphonerai demain soir. Mais, encore une fois, elle va

...... répondre, qu'elle n'a pas d'idées !

B. Pouvez-vous compléter la règle de grammaire suivante ?

Les pronoms compléments d'objet indirects

remplacent des .... de personnes,

qui dépendent d'un verbe suivi d'une ....

Ici, les verbes sont suivis de ....

ENTRAÎNONS-NOUS AU DELF A2

LE DELF A2

Dans ces pages, vous allez vous préparer au Diplôme d'Études de Langue Française niveau A2. Il s'agit d'un examen simple qui va évaluer vos premières compétences en français dans des contextes de la vie quotidienne.

Pour commencer, vous allez faire connaissance avec les différentes épreuves qui composent l'examen, leur durée et le barème de notation.

DELF A2		
Nature des épreuves	**Durée**	**Note sur**
Compréhension de l'oral (CO)		
Réponse à des questionnaires de compréhension portant sur 3 ou 4 très courts documents enregistrés ayant trait à des situations de la vie quotidienne. (*2 écoutes*)	25 min	25 points
Compréhension des écrits (CE)		
Réponse à des questionnaires de compréhension portant sur 3 ou 4 documents écrits ayant trait à des situations de la vie quotidienne.	30 min	25 points
Production écrite (PE)		
Rédaction de deux brèves productions écrites (lettre amicale ou message) : - décrire un événement ou des expériences personnelles ; - écrire pour inviter, remercier, s'excuser, demander...	45 min	25 points
Production orale (PO)		
Épreuve en trois parties : - entretien dirigé ; - monologue suivi ; - exercice en interaction.	6 à 8 min (*plus 10 min de préparation*)	25 points
Note totale		
Seuil de réussite pour obtenir le diplôme : 50/100 Note minimale requise par épreuve : 5/25 Durée totale des épreuves collectives : 1 h 40		

Le DELF A2. Compréhension de l'oral (CO)

Vous allez écouter des petits documents sur des sujets de la vie quotidienne (des renseignements téléphoniques, des informations à la radio, un dialogue simple, etc.) et vous allez remplir avec des croix ou des chiffres des questionnaires de compréhension générale.

CO-1

Piste 49

Écoutez deux fois chaque enregistrement et répondez aux questions suivantes.

1

Sarah a connu un garçon...

- ☐ grâce à une annonce.
- ☐ sur Internet.
- ☐ par correspondance.

Les parents pensent que...

- ☐ leur fille est trop jeune.
- ☐ ce n'est pas une bonne manière de connaître quelqu'un.
- ☐ ce garçon est trop vieux.

Le garçon habite...

- ☐ à moins de 800 km.
- ☐ à Lille.
- ☐ à presque 900 km.

L'animateur lui conseille...

- ☐ d'écouter ses parents.
- ☐ d'écrire au garçon.
- ☐ de lui téléphoner.

2

Cédric veut...

- ☐ s'acheter une voiture.
- ☐ demander la moto de son père.
- ☐ s'acheter une moto.

Quelle est la réaction du père ?

- ☐ Il est d'accord.
- ☐ Il n'est pas d'accord.
- ☐ Il se fâche.

Le père pense que...

- ☐ son fils est trop jeune.
- ☐ c'est dangereux.
- ☐ La Rochelle est trop loin.

L'animateur lui conseille...

- ☐ d'aller à la Rochelle en autostop.
- ☐ de parler avec ses parents.
- ☐ d'être prudent.

3

Gwenaëlle veut...

- ☐ avoir autant d'argent qu'à 12 ans.
- ☐ plus d'argent qu'à 12 ans.
- ☐ de l'argent pour sortir avec ses amis.

Les parents pensent que...

- ☐ leur fille exagère.
- ☐ leur fille a raison.
- ☐ leur fille dépense mal son argent.

Gwenaëlle a...

- ☐ 16 ans.
- ☐ 17 ans.
- ☐ 18 ans.

L'animateur lui conseille...

- ☐ d'insister car la vie est plus chère.
- ☐ de travailler l'été.
- ☐ de dépenser moins.

4

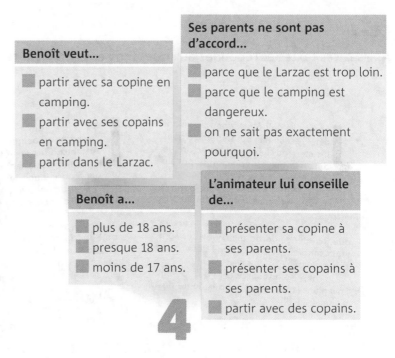

Benoît veut...

- ☐ partir avec sa copine en camping.
- ☐ partir avec ses copains en camping.
- ☐ partir dans le Larzac.

Ses parents ne sont pas d'accord...

- ☐ parce que le Larzac est trop loin.
- ☐ parce que le camping est dangereux.
- ☐ on ne sait pas exactement pourquoi.

Benoît a...

- ☐ plus de 18 ans.
- ☐ presque 18 ans.
- ☐ moins de 17 ans.

L'animateur lui conseille de...

- ☐ présenter sa copine à ses parents.
- ☐ présenter ses copains à ses parents.
- ☐ partir avec des copains.

Le DELF A2. Compréhension des écrits (CE)

Vous allez lire des documents sur des situations ou des sujets de la vie quotidienne (comprendre des informations générales, des titres, de petits articles de presse, des publicités, etc.) et vous allez remplir des questionnaires de compréhension générale.

CE-1. Dans le journal *Francophonie matin*, vous devez associer chaque titre à une rubrique de journal. Inscrivez à côté de chaque rubrique le chiffre correspondant au titre.

1 Des nombreux Sénégalais se rendent aux urnes pour le référendum.

2 Un train déraille au Québec : heureusement il n'y a pas de victimes.

3 Le cinéma africain à l'honneur à Cannes.

4 Essence et dérivés du pétrole : les prix flambent !

5 Lyon écrase Auxerre et conserve la tête du championnat.

6 Une météorite va s'écraser sur la Terre en 2030 selon les experts.

POLITIQUE

CULTURE

SCIENCES

ÉCONOMIE

SPORTS

SOCIÉTÉ

CE-2.

A. Lisez ces textes et répondez aux questions en cochant la réponse qui convient.

1

Je suis allé voir **Master and Commander**. C'est un film qui se déroule dans les mers du Sud. Il y a un navire, le Surprise qui est commandé par un capitaine impétueux. C'est un grand vaisseau de la Marine Britannique. Le Surprise affronte l'Achéron, un magnifique bateau corsaire.

J'ai beaucoup aimé l'histoire. Je trouve que les scènes de batailles navales sont vraiment bien faites. On dirait des vraies. Et puis Russell Crowe est excellent !

Je conseille aux spectateurs qui adorent l'aventure et les belles images de ne pas manquer ce film.

Cédric, Poitiers.

2

L'autre jour, j'ai vu la troisième partie du **Seigneur des Anneaux**. C'est un très bon film que je recommande. On suit Frodon dans ses péripéties pour arriver à la crevasse et, jusqu'au dernier moment, on se demande s'il pourra jeter l'anneau et vaincre le mal. Les combats du siège de Minas Tirith sont très bien faits. On a beaucoup parlé de l'araignée : personnellement, je pense qu'on exagère, elle ne fait pas vraiment peur.

Romain, Besançon.

3

Après le monde des oiseaux, voici celui des baleines avec **La Planète bleue**. Franchement, je n'ai pas du tout aimé. C'est vrai que les images sont jolies : on voit comment vivent les baleines et d'autres mammifères marins, mais qu'est-ce qu'on s'ennuie ! Je sais que ce n'est pas facile de filmer les animaux et j'imagine qu'il a fallu beaucoup de temps mais c'est bien pour un documentaire à la télé, pas au cinéma. Et puis, c'est peut-être joli le chant des baleines mais j'aimerais bien en apprendre plus sur leur vie.

Je crois qu'un film comme ça, c'est fait pour s'endormir au cinéma ou partir avant la fin de la séance (moi, je suis partie) ! Si les lecteurs ne l'ont pas encore vu, qu'ils se rassurent, ils n'ont rien raté.

Fatiha, Toulouse.

Ces textes sont :

- des lettres entre amis.
- des lettres adressées à la rubrique Courrier des lecteurs d'un journal.
- des articles d'un journal spécialisé.

B. Répondez aux questions :

Questions	Vrai	Faux	On ne sait pas
1. Le Surprise et l'Achéron sont des bateaux corsaires.			
2. Les combats sur la mer semblent réels.			
3. Le film est aussi bon que le livre.			
4. L'araignée n'a pas effrayé Romain.			
5. *La Planète bleue* raconte une histoire d'oiseaux et de mammifères marins.			
6. Fatiha s'est endormie dans la salle de cinéma.			

C. Justifiez vos réponses en citant le passage exact du texte.

1. ....

2. ....

3. ....

4. ....

5. ....

6. ....

D. Retrouvez dans les textes des expressions ou des mots synonymes.
(Attention, les verbes des textes peuvent être conjugués !)

• se passer : ....

• conseille : ....

• incidents : ....

• être nécessaire : ....

• se tranquilliser : ....

E. Quelles sont les opinions de chacun ? Justifiez votre réponse.

Texte	Favorable	Défavorable	Justification
1			
2			
3			

CE-3. **A.** Lisez le document ci-dessous.

LES JEUNES ET LA BOUFFE

Réunis autour d'une table, ils nous ont donné leur avis.

Rachid, 30 ans : « Moi, ce que j'adore, ce sont les plats que me prépare ma grand-mère. C'est très différent des choses qu'on mange habituellement en France. Elle fait des tajines et puis son couscous est excellent. J'aime bien ce qui est épicé. De temps en temps, je vais dans les fast-foods avec mes copains, mais je n'aime pas trop ça. »

Amandine, 16 ans : « J'ai beaucoup de mal à manger des légumes verts. Ma mère m'oblige des fois à manger des épinards. C'est vraiment pas bon. De toute façon, mon truc à moi, c'est grignoter. Je déteste m'asseoir à table ! »

Giulia, 20 ans : « Moi, c'est un peu comme Amandine. Souvent, je prends un paquet de chips et je m'installe devant la télé. Mes parents supportent vraiment pas ça. À mon avis, ils n'ont pas tort mais je m'ennuie quand je mange avec eux. Et puis, je ne mets jamais les pieds dans la cuisine. »

Cyrille, 25 ans : « Je suis d'accord avec les filles mais j'apprécie aussi les bons petits plats que ma grand-mère cuisine. Quand on se retrouve le week-end chez les amis, j'essaie de préparer des recettes. Je sais que certains trouvent ça ridicule mais j'aime bien cuisiner de temps en temps. J'adore faire les sauces. »

Gilles, 22 ans : « Cyrille a raison. Les boîtes de conserve, je n'aime pas du tout ça. Par contre, il faut avoir le temps de cuisiner. Chez moi, c'est toujours ma mère qui le fait. Mon père ne fait jamais rien. Moi, j'aimerais bien savoir faire autre chose que des pâtes : les spaghettis à la carbonara, c'est ma recette favorite quand on va en camping avec les copains. »

Fatiha, 35 ans : « Je déteste faire la cuisine. Heureusement, il y a les copains. Ma mère trouve ça bizarre : c'est toujours elle qui a fait à manger et maintenant elle voit que ce sont les hommes qui cuisinent. Mes amis sont d'excellents cuisiniers. Ils préparent des plats à base de viande ou de poisson délicieux. Dommage qu'ils mettent trop de sauce ! »

Géraldine, 42 ans : « Tout le monde parle de plats salés ici ! Moi, mon truc, c'est les pâtisseries. J'adore ça ! Les gâteaux au chocolat sont mes desserts préférés. J'en fais de temps en temps. Par contre, il faut faire attention à la ligne ! Je fais donc du sport et je mange aussi des fruits. Mais qu'on ne m'oblige pas à manger de la viande. Je déteste ça ! »

B. Cochez la case qui convient pour chaque personne.

	Il / Elle aime cuisiner	Il / Elle n'aime pas cuisiner	On ne sait pas
Rachid			
Amandine			
Giulia			
Cyrille			
Gilles			
Fatiha			
Géraldine			

C. Retrouvez dans le texte des expressions ou des mots...

a) Équivalents de :

• L'alimentation : ....

....

• Pimenté : ....

....

• J'ai beaucoup de mal à manger des légumes verts : ....

....

b) Contraires de :

• Ils ont raison : ....

....

• Je m'amuse : ....

....

• Malheureusement : ....

....

D. À qui correspond chacune de ces affirmations ? Indiquez le nom de la personne.

1. Il / Elle aime les plats de sa grand-mère et parfois il / elle cuisine. ....

2. Il / Elle aime manger ce que préparent ses ami(e)s. ....

3. Il / Elle mange à n'importe quelle heure. ....

4. Il / Elle ne va pas souvent manger des hamburgers. ....

5. Il / Elle cuisine quand il / elle part en vacances. ....

6. Il / Elle préfère le sucré au salé. ....

7. Ses parents n'aiment pas sa façon de manger. ....

Le DELF A2. Production écrite (PE)

Dans cette épreuve, vous allez décrire un événement ou une expérience personnelle et rédiger une lettre amicale (invitation, remerciement, excuse, etc.). Ce sont des textes de 60 à 80 mots.
On ne vous notera pas sur la véracité de votre récit, mais sur votre capacité à répondre au sujet et votre connaissance lexicale.

PE-1. Vous avez vu un film d'aventures et vous décidez d'envoyer vos impressions à un magazine de cinéma (60 à 80 mots).

....

....

....

....

....

....

....

PE-2. Vous répondez au message de Carine. Pour vous entraîner, écrivez deux textes différents (entre 40 et 50 mots chacun) : un message et une lettre.

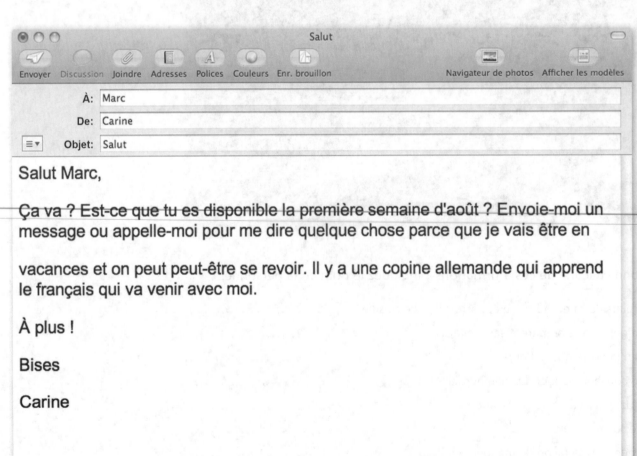

Salut Marc,

Ça va ? Est-ce que tu es disponible la première semaine d'août ? Envoie-moi un message ou appelle-moi pour me dire quelque chose parce que je vais être en

vacances et on peut peut-être se revoir. Il y a une copine allemande qui apprend le français qui va venir avec moi.

À plus !

Bises

Carine

Le DELF A2. Production orale (PO)

Vous allez avoir 10 minutes de préparation pour ces deux dernières épreuves.

Monologue suivi
L'examinateur va vous demander de parler d'un sujet personnel (mais n'ayez pas peur d'inventer !) pendant 2 minutes environ.

Exercice en interaction
Vous allez interpréter une scène, avec l'examinateur, comprenant certains éléments de négociation.
Dans la consigne, vous allez trouver des informations qui doivent vous guider dans la préparation de cette scène. Vous devez montrer votre capacité à mener un bref échange dans une situation de demande de service.

PO-1. Monologue suivi. « Parlez des cadeaux que vous aimez faire à votre famille et à vos amis. »

PO-2. Exercice en interaction. Vous allez au restaurant. Le serveur (normalement c'est l'examinateur) prend la commande. Attention, vous n'aimez pas la viande. Vous aimez les jus de fruits et ne prenez jamais de café.

MENU

Tomates persillées
Assiette de charcuterie
Salade d'asperges
〰〰〰

Filet de porc pané
Blanc de poulet aux artichauts
Rougets en papillote
Filet de saumon
〰〰〰

Tous nos plats sont accompagnés
de frites ou de haricots verts.

NOUVEAU
ROND-POINT
PAS À PAS **A2**
LIVRE DE L'ÉLÈVE + CAHIER D'ACTIVITÉS + CD AUDIO

Auteurs : Catherine Flumian, Josiane Labascoule, Christian Lause, Corinne Royer (pour le *Livre de l'élève*) ; Catherine Flumian, Josiane Labascoule, Marie-Laure Lions-Oliviéri, Corinne Royer, Philippe Liria, María Rita Rodríguez (pour le *Cahier d'activités*)
Conseil pédagogique et révision : Christian Puren (pour le *Livre de l'élève*)
Comité de lecture (pour le *Livre de l'élève*) : Agustín Garmendia, Philippe Liria, Yves-Alexandre Nardone (pour le *Livre de l'élève*) ; Marie-Laure Lions-Oliviéri (pour le *Cahier d'activités*)
Coordination éditoriale : Gema Ballesteros, Ester Lázaro
Correction : Sarah Billecocq
Conception graphique et couverture : Besada+Cukar
Mise en page : Besada+Cukar (pour le *Livre de l'élève*) ; Asensio S.C.P (pour le *Cahier d'activités*)
Illustrations : Javier Andrada et David Revilla
Remerciements : Nous tenons à remercier toutes les personnes qui ont contribué à la réalisation de ce manuel, notamment Coryse Calendini, Katia Coppola et Lucile Lacan.

© Photographies, images et textes.
Couverture : Garcia Ortega
Livre de l'élève : p. 8 Arpad Nagy-Bagoly/Fotolia.com, madguy/Fotolia.com, Mandy HIEBL ; p. 9 sylada/Fotolia.com, diego cervo/Fotolia.com ; p. 10 WONG SZE FEI/Fotolia.com ; p. 13 Lucy Clark/Fotolia.com, Raoul Duke/Fotolia.com ; p. 14 NiDerLander/Fotolia.com, Marcel Mooij/Fotolia.com ; p. 16 Bounce/Getty Images, Amy Eckert/Getty Images ; p. 17 Bernd_Leitner/Fotolia.com ; p. 18 contrastwerkstatt/Fotolia.com, Andres Rodriguez/Fotolia.com, Jonny/Fotolia.com, Laurence Gough/Fotolia.com, Dauf/Fotolia.com, Christophe Fouquin/Fotolia.com ; p. 19 Monkey Business/Fotolia.com, Melinda Nagy/Fotolia.com ; p. 22 carlos castilla/Fotolia.com ; p. 24 nyul/Fotolia.com, deanm1974/Fotolia.com ; p. 25 nyul/Fotolia.com ; p. 26-27 Manuel PASCUAL, (MOF) ; p. 28 Gerard Roche ; p. 30 felinda/Fotolia.com, Suto Norbert/Dreamstime.com, ANTONIO ALCOBENDAS/Fotolia.com, volff/Fotolia.com, demarfa/Fotolia.com ; p. 32 Marc Javierre Kohan ; p. 33 Juan Ballesteros, Jesús Ballesteros ; p. 36 Richard Cote/Fotolia.com ; p. 37 Ghislain & Marie David de Lossy/Getty Images, Sami Sarkis/Getty Images ; p. 38 Liga Lauzuma/Fotolia.com, Albo/Fotolia.com, Nimbus/Fotolia.com, xavdlp/Fotolia.com, BonnieCaton/Fotolia.com, Cidou/Fotolia.com, Caleb Foster/Fotolia.com ; p. 39 Connie Coleman/Getty Images, Mihai-Bogdan Lazar/Fotolia.com ; p. 44 Jerome Dancette/Fotolia.com ; p. 45 microimages/Fotolia.com, Anne-Sophie Fauvel, Jean-Marie MAILLET/Fotolia.com, photlook/Fotolia.com, Jasminka KERES/Fotolia.com, pixarno/Fotolia.com ; p. 46 Jean-Baptiste Bourguignon, Jean-Bapstiste Scotin, Louis Daguerre ; p. 47 Alphonse Liébert, Philophoto/Fotolia.com ; p. 48-49 Virgile Oliviéri ; p.50 Danielle Bonardelle/Fotolia.com, volff/Fotolia.com, Connfetti/Fotolia.com, Thomas Nicot/flickr ; p.52 (Alexander Graham Bell) Library and Archives Canada, Eminence Photography/Fotolia.com, Vangelis Thomaidis/Fotolia.com, Jacob Kjerumgaard/Fotolia.com, Lily James/Fotolia.com, ACARRERA/Fotolia.com, Salvador Reyes Anaya/Fotolia.com, omers11/Fotolia.com, foodcolors/Fotolia.com, Leonid Tit/Fotolia.com, nito/Fotolia.com ; p. 54 Marc Javierre Kohan ; p. 56 Nimbus/Fotolia.com ; p. 57 Yvan Reitserof/Fotolia.com chantal, cecchetti/Fotolia.com ; p. 58-59 Ekaterina Pokrovsky/Dreamstime.com ; p. 60 Ints Vikmanis/Dreamstime.com, olly/Fotolia.com, Alain Lauga/Dreamstime.com ; p. 62 Photowitch/Dreamstime.com ; p. 65 CandyBoxPhoto/Fotolia.com, Robert Kneschke/Dreamstime.com, Isabel Poulin/Dreamstime.com ; p. 66 benjamin py/Fotolia.com, gator/Fotolia.com ; p. 67 Rémy MASSEGLIA/Fotolia.com, Robert Harding/Getty Images, Marco Koroll/Fotolia.com.
Cahier d'activités : p. 102 gemenacom/Fotolia.com, ; p. 104 Toro/Fotolia.com, Andrew Lever/Fotolia.com ; p. 107 Monika Olszewska/Fotolia.com ; p. 109 lst1984/Fotolia.com ; p. 111 ktsdesign/Fotolia.com ; p. 112 objectsforall/Fotolia.com ; p. 113 Denis Makarenko/Dreamstime.com, iStockphoto, Autoportret Claude Monet.wikipedia ; p. 118 WavebreakMediaMicro/Fotolia.com ; p. 119 WoGi/Fotolia.com ; p.126 Paul Morley/ Fotolia.com ; p. 129 Frank F. Haub - Fotolia.com ; p. 130 Javier Castro/Fotolia.com ; p. 133 Emil Durov/Fotolia.com ; p. 134 Roman Sigaev/Fotolia.com, Vishakha Shah/Dreamstime.com, Guillermo lobo/Fotolia.com, Salvador Garcia/Fotolia.com, Francisco Romero/Fotolia.com ; p. 136 Zentilia/Dreamstime.com ; p. 144 Jean Schweitzer/Dreamstime.com ; p. 146 wildman/Fotolia.com, Ragnarocks/Fotolia.com ; p. 153 corepics/Fotolia.com ; p. 155 Juri Samsonov/Fotolia.com.

N.B : Toutes les photographies provenant de www.flickr.com sont soumises à une licence de Creative Commons (Paternité 2.0 et 3.0).

Tous les textes et documents de cet ouvrage ont fait l'objet d'une autorisation préalable de reproduction. Malgré nos efforts, il nous a été impossible de trouver les ayants droit de certaines œuvres. Leurs droits sont réservés à Difusión, S. L. Nous vous remercions de bien vouloir nous signaler toute erreur ou omission ; nous y remédierons dans la prochaine édition. Les sites Internet référencés peuvent avoir fait l'objet de changements. Notre maison d'édition décline toute responsabilité concernant d'éventuels changements. En aucun cas, nous ne pourrons être tenus pour responsables des contenus de liens vers des tiers à partir des sites indiqués.

Cet ouvrage est une version des éditions *Rond-Point 1 et 2* (Difusión, Centre de Recherche et de Publications de Langues, S.L.) et est basé sur l'approche didactique et méthodologique mise en place par Ernesto Martín et Neus Sans.

© Les auteurs et Difusión, Centre de Recherche et de Publications de Langues, S.L., 2011

ISBN : 978-84-8443-666-9
Dépôt légal : B-2217-2012
Réimpression : octobre 2013
Imprimé dans l'UE

www.emdl.fr